Si tu meurs, je te tue

Chloé Verlhac
Avec Emmanuel Lemieux

Si tu meurs, je te tue

PLON
www.plon.fr

92, avenue de France
75013 Paris
Tél. : 01 44 16 09 00
Fax : 01 44 16 09 01
www.plon.fr
www.lisez.com

Dépôt légal : janvier 2020
ISBN : 978-2-259-28070-9
Mise en pages : Nord Compo

1

Les galets

« Papa nous a encore volé notre seau ! »

J'ai levé les yeux au ciel, reposant le livre que j'avais déjà commencé trois fois. Je n'ai jamais réussi à finir ne serait-ce qu'un article de magazine sur la plage…

J'avais pourtant des velléités de faire comme les autres femmes que je voyais, m'installer sous un parasol, lunettes sur le nez, un bon bouquin à la main et farniente.

Tignous me disait : « Profite, mon amour, je joue avec les enfants. » Mais il finissait toujours par leur piquer leur seau et partir loin sur la plage en suivant ses pieds, comme un enfant en expédition, sérieux et résolu. En quête de galets.

Et, comme un enfant, il se perdait, se retournait, « Oh, mais où sont-ils ? » Il finissait toujours par nous retrouver, son seau plein de beaux galets. Il était drôlement fier ! En rentrant, il nettoyait délicatement les galets sous la douche et les mettait à sécher dans notre chambre.

Mais les enfants se seraient tous noyés ou perdus dix fois si je n'avais pas abandonné mon livre dès la première page !

Les galets n'étaient pas sa seule obsession. Parfois, il arrivait qu'il extirpe du rivage de grosses pierres, qu'il lavait tout aussi amoureusement et entreposait dans notre chambre. Certaines, sous son trait, sont devenues de beaux totems.

Tignous a aussi eu sa période sculpture. Il fallait collecter des canettes vides, mais pas n'importe lesquelles, les longues seulement, comme celles des avions ou des bars. Et les muselets de champagne et leur petite cage de métal, les capsules de sodas… Il fabriquait des masques ou de petits animaux.

Dans notre chambre, au fil des jours, s'entassaient des canettes découpées et tranchantes, des cutters et des pinces, un marteau, de la colle en bidon avec une tête de mort dessus… Des objets merveilleux qui fascinaient le bébé et les filles, mais que je trouvais, en tant que maman, quelque peu anxiogènes !

Il découpait, martelait, aplatissait, collait, trouait, attachait toutes ces bricoles, et apparaissaient des yeux, des nez, des bouches, des boucles d'oreilles, toute une tribu de personnages sortis tout droit de son imagination.

En dehors des voyages de travail et d'escapades amoureuses avec moi, il y avait les vacances en famille. Temps sacré et privilégié pour Tignous, qui ne souhaitait pas partir avec des amis, afin de profiter pleinement de ses quatre enfants. Après la naissance de Solal, nous sommes allés tous les étés en Corse, sur la côte au sud de Bastia, dans un village de vacances appartenant à un organisme nommé Touristra (pour Tourisme et Travail), une sorte de Club Med des vacances solidaires pour lequel Tignous réalisait des affiches et dessinait en direct pendant les séminaires d'entreprise. Leur philosophie lui correspondait. Touristra, qui organise dans ses villages de vacances des journées de soutien au Secours populaire ou à Clowns sans Frontières[1], vendait au profit de ces associations les galets que, pendant l'été, Tignous avait passé des heures à dessiner. En vacances comme dans la vie…

Chaque fin de saison, nous vivions la même histoire. Comme nous venions en Corse par avion, pour éviter l'excédent de bagages, Tignous chargeait les galets dans les voitures de nos amis ou des gens que nous rencontrions sur place. Il était très fort pour réussir à les caser – comment résister à son sourire ? Et surtout, il promettait de venir les

1. Tignous a été le premier dessinateur à accompagner ces clowns d'un nouveau genre dans leurs missions humanitaires aux Philippines (2005) et en Birmanie (2009).

chercher dès son retour… Ce qui n'était, bien sûr, pas tout à fait vrai.

C'est ainsi qu'une année, notre amie Emmanuelle[1], après avoir roulé deux mois le coffre encombré de pierres, avait fini par décharger seule les 15 kilos récoltés par Tignous au cours de l'été et a dû attendre un magnifique dimanche d'automne pour que nous venions les chercher lors d'un brunch mémorable.

En 2015, un couple d'amis m'a rapporté un carton entier de galets… Tignous me l'avait caché, celui-là ! Parfois, il me mentait pour que je ne me fâche pas. Quatre enfants, c'était déjà beaucoup !

Mamie Pola, ma grand-mère, me disait souvent, un peu moqueuse : « Chérie, c'est le grand qui te donne le plus de travail ! »

Tignous dessinait sur les galets.

Des têtes de Maures, des masques, des visages, des figures… Avec de gros marqueurs Prokets et le blanc de Tipp-Ex.

Il dessinait seul, il dessinait avec les enfants. Les galets prenaient vie, c'était magique.

Ils envahissaient la maison. Il y en avait partout, sur la cheminée, les étagères de la bibliothèque, le rebord de la fenêtre de la cuisine…

---

1. Emmanuelle Haïm, claveciniste et cheffe d'orchestre, dirige le Concert d'Astrée.

Aujourd'hui, leur présence silencieuse fait des ricochets dans ma mémoire.

*

« Comment faites-vous, à *Charlie Hebdo*, pour continuer de dessiner après l'affaire des caricatures ? »

Les journalistes du petit pays qui en 2006 avait déclenché la fureur des islamistes du monde entier s'interrogeaient. Fin 2014, Tignous est allé à Copenhague, invité par la rédaction du *Jylland-Post*, ceux par qui le scandale planétaire était arrivé et que *Charlie Hebdo* soutenait depuis.

Cette visite enchantait Tignous. Il était très heureux à l'idée de leur raconter son travail de dessinateur de presse. De toute façon, il était toujours très heureux de voyager, d'être invité, de rencontrer des gens... Moi, j'avais l'impression d'être mariée à une rock star ou d'être une femme de marin !

Le regarder partir, c'était aussi la promesse et le plaisir de le voir revenir...

À son retour, Tignous ne m'a rien dit de spécial sur les discussions qu'il avait eues avec ses confrères. Il m'a raconté son épopée dans les grandes lignes. Je n'ai pas vraiment insisté.

Nous étions devant la télévision, un soir d'hiver, et il faisait, comme toujours lorsque nous regardions un film, les couleurs d'un dossier en retard, d'un reportage ou d'un livre en cours, lorsqu'il s'est levé et, un par un, a signé tous les galets au dos.

Je l'ai regardé faire, sans poser de questions. Quand il s'est rassis à côté de moi, il m'a souri et a murmuré : « On ne sait jamais. »

Sur le coup, je n'ai rien dit.

Avais-tu peur, Tignous ?

Je ne lui ai pas posé la question.

Avions-nous peur sans nous le dire ?

Que savais-tu précisément ?

Que savais-je que je ne voulais pas m'avouer ?

Nous avons repris notre film, comme si de rien n'était.

Tignous a continué de faire ses couleurs, de se tromper de verres et de boire l'eau des aquarelles, comme souvent.

Nous avons dû nous endormir avant la fin du film, comme toujours.

Puis finir par nous coucher, comme des amoureux.

C'était deux mois avant, à peine.

2

« À tout à l'heure »

Le 7 janvier 2015, c'était le premier mercredi de la rentrée après les vacances de Noël et le premier jour des soldes.

Je ne travaillais pas ce jour-là. Tignous avait la conférence de rédaction à *Charlie* et c'est lui qui emmenait les enfants à l'école, comme tous les mercredis.

Je me suis occupée de les réveiller, de les habiller et de leur préparer le petit déjeuner, comme tous les mercredis.

Tignous était dans son bureau, réveillé depuis 5 heures du matin, en train de finir des dessins en retard, comme tous les mercredis.

« Quand tu seras parti, je vais me remettre au lit avec un café. Je ferai les soldes sur Internet !

— Et tu vas encore essayer de m'expliquer comment tu économises de l'argent alors que tu en dépenses... Et sinon, mon amour, prends-moi des slims. Noirs. J'en ai plus. »

J'avais rencontré un mec qui mettait des jeans trop larges et des pulls en peau de nounours. J'ai maintenant un mari super bien sapé que je trouve hypersexy. L'amour rend beau… Pour lui, ça avait fonctionné !

Ce matin-là, Tignous m'a embrassée, longuement, et m'a dit : « À tout à l'heure. » Puis il est sorti avec les enfants et je suis allée à la porte-fenêtre. Quand l'un de nous partait, l'autre se mettait toujours à la porte-fenêtre pour lui dire au revoir. On écartait les bras autant que l'on pouvait pour se dire que l'on s'aimait grand comme ça. On faisait des cœurs avec les doigts.

Il m'a regardée, m'a souri et m'a fait un doigt d'honneur en riant.

J'ai esquissé une moue de chagrin et j'ai ri aussi.

Alors avec sa main gauche, la droite tenant sa sacoche, il m'a fait un demi-cœur, puis a tourné le poignet et fait pivoter sa main pour que le dessin de ses doigts forme un cœur. Il m'a envoyé un bisou, je le lui ai rendu et il a refermé le portail.

C'est la dernière fois que je l'ai vu.

Une fois dans la rue, Tignous passait la main au-dessus du portail, après l'avoir refermé. Dernier petit geste. Moi, je n'ai jamais pu, je suis trop petite. Aujourd'hui, Sarah-Lou y arrive. Bientôt, Solal le fera aussi.

Je lui ai toujours demandé que nous nous disions *vraiment* bonjour et *vraiment* au revoir.

On ne sait jamais…

On ne sait jamais quoi ?

Je profitais de ces petits rituels pour le respirer. J'inspirais fort pour me remplir de son odeur, qu'elle me tapisse le nez, les poumons, qu'elle m'imprègne. Je voulais m'en souvenir pour « le jour où il ne serait plus là ».

Tignous était plus âgé que moi. Il disait qu'il partirait avant moi. Il le souhaitait. Parce qu'il m'aimait, je devais lui survivre. Ou vivre au moins autant que lui.

Nous avons toujours vécu un peu comme ça, finalement, avec l'idée que nous serions séparés qui flottait au-dessus de nous. Un nuage qu'on chassait en vivant fort.

Je n'ai pas *vraiment* pu lui dire au revoir.

Je me suis remise au lit avec mon café et mon ordi, en quête de slims noirs.

À 10 h 45, il m'a téléphoné : « Est-ce que les clés du portail sont bien accrochées dans l'entrée ? »

Il pensait les avoir embarquées par erreur en plus de son trousseau. En fait, c'étaient mes clés.

« OK, mon amour, désolé, merci d'être allée voir, je te les rapporte tout à l'heure.

— Pas de souci, je prendrai le trousseau de secours quand j'irai chercher les enfants à l'école. Et pour déjeuner, tu vas être content, j'ai réussi à trouver de la hampe !

— J'ai hâte. À tout à l'heure, ma princesse, j'y retourne. »

C'est la dernière fois que je l'ai entendu.

Tignous m'avait dit : « À tout à l'heure. »
Il n'est pas rentré.

La hampe a pourri dans le frigo.
J'ai mis quatre ans avant d'en remanger.

3

7 janvier

J'en ai connu, des théâtres. Ce sont les lieux de mes univers culturel et surtout professionnel. Chacun a son ambiance, son atmosphère particulière, comme si les pièces qui s'y jouent avaient peu à peu imbibé les murs et coloré l'air. Mais celui-ci, pourtant spécialisé dans les pièces comiques, a été le plus dramatique.

Dans le hall du Comédie Bastille, j'ai hurlé.

Un cri à l'envers, tout l'univers aspiré par ma bouche. J'ai hurlé et je n'entends plus rien. Mon cerveau se déconnecte brutalement. Black-out. Cela fait des heures que je demande la vérité. Que je réclame de savoir auprès de gens compétents, policiers, médecins urgentistes, infirmiers.

*

Après notre petit rite amoureux du départ et les enfants déposés à l'école, Tignous a filé tout droit à *Charlie Hebdo*. Il est à l'heure pour la première réunion de rédaction depuis les vacances de Noël. C'est la semaine des bons vœux et des projets qu'on se souhaite aux autres et à soi-même, à coups de formules plus ou moins convenues. Sur Twitter, à 11 h 28, le journal poste un dessin d'Honoré : Abou Bakr al-Baghdadi, le calife autoproclamé du groupe État islamique, souhaite « surtout la santé » à tous.

La matinée s'est écoulée paisiblement, j'ai fait mes fameux achats en ligne. J'espère que les pantalons que j'ai choisis iront à Tignous. Je dois aller chercher les enfants pour un déjeuner en famille, tous ensemble – Tignous nous rejoindra après sa réunion.

À 11 h 32, nos vies basculent.

Sur le chemin, je reçois un appel d'Éric Verlhac. Cousin de Tignous, il est inspecteur général de l'Administration, à l'époque au ministère de l'Environnement, il est vite informé.

« Éric, ça fait longtemps ! Bonne année !

— Merci, Chloé, mais tu as des nouvelles de Tignous ? Il y a eu une fusillade à *Charlie*, je n'en sais pas plus, et je n'arrive pas à le joindre. »

J'accuse le coup, mais de façon raisonnée. Dans mon esprit, il s'agit « juste » d'une fusillade sur la façade de l'immeuble de la rédaction. *Charlie Hebdo*, notamment depuis 2007 – à la suite de la une dessinée par Cabu, « C'est dur d'être aimé par des cons », et son procès monstre –, est malheureusement habitué à la violence islamiste. Et puis, le journal a toujours constitué un puissant épouvantail pour les haineux. L'incendie au cocktail Molotov de la rédaction dans le 20e arrondissement, en 2011, par des barbus illuminés, avait déjà mené l'équipe dans ces locaux discrets et impersonnels du 11e, rue Nicolas-Appert.

« J'appelle Tignous et je te rappelle. »

Je ne rappellerai pas Éric.

J'appelle Tignous, pas de réponse.
J'appelle Tignous, pas de réponse.
J'appelle Tignous, pas de réponse.

J'arrive à l'école et réitère mes tentatives.
Pas de réponse.

La panique commence à me gagner. C'est d'autant plus affreux que l'ambiance est joyeuse à l'école, les parents se souhaitent la bonne année. Vissée à mon téléphone, je croise des sourires, des mains chaleureuses. Et cela donne de curieuses scènes.
« Bonne année, Chloé !
— Merci, mais je n'arrive pas à joindre Tignous, il y a eu une fusillade à *Charlie Hebdo* et...

— Et bonne santé, Chloé ! »

Les gens ne m'écoutent pas.

Dans la salle de classe, ils sont assis sur le petit banc, une sage ribambelle. Il y a le sourire de Solal. Je me reprends un peu. Il m'attend, rayonnant. Il est coiffé d'une belle casquette « Ville de Montreuil ». C'est le super trophée d'un tournoi sportif organisé par la ville, Solal l'attendait depuis des semaines.

J'appelle et je rappelle Tignous, sans cesse.

Pas de réponse.

Solal me sourit, il est si heureux avec sa casquette. Cela fait partie des mille détails de cette journée qui me rongeront de l'intérieur : je n'aurai pas partagé la joie de mon petit garçon, toute sa fierté. Ce moment-là lui a été volé, ce sera le premier d'une longue série d'une enfance mutilée.

Je récupère Sarah-Lou à la sortie de l'école élémentaire mitoyenne.

J'appelle Tignous, pas de réponse.

*

Sur le chemin du retour, à côté de mes enfants décontenancés et inquiets à qui j'explique qu'il vient d'y avoir un accident au travail de papa, je continue d'appeler. Je ne peux pas leur en dire plus, il faut que quelqu'un décroche, mais pourquoi personne ne décroche ?

Les enfants assistent impuissants à la montée de mon angoisse, nourrie par chaque appel sans réponse. Ils ne posent pas de question. Sarah-Lou me regarde intensément, elle a compris que c'est grave.

J'appelle Charb, pas de réponse, j'appelle Luz, pas de réponse, j'appelle Patrick Pelloux, pas de réponse.

Arrivée au bas de ma rue, je fais le numéro de Coco. Enfin, quelqu'un au bout du fil. Elle sanglote, elle suffoque : « Chloé, viens vite ! Je ne sais pas s'il est encore vivant… »

C'est une première déflagration dans ma tête. L'appel est brutalement coupé. Je suis foudroyée. Je hurle un long et déchirant NON, venu du plus profond de mes tripes. « Maman, qu'est-ce qui se passe ? » me demande Sarah-Lou.

Je réussis à joindre Coco de nouveau. En larmes : « Chloé, il faut que tu viennes. Ils sont en tas, couchés les uns sur les autres. » Je crie : « J'arrive ! »

Je fonce chez mon amie Laëtitia, qui dirige une société de BTP dont les locaux sont juste en face de chez nous. Je veux lui laisser les enfants pendant que je vais au journal. J'appellerai ma maman pour qu'elle vienne prendre le relais. Tremblante, j'explique à Solal, qui n'arrête pas de courir dans le bureau : « L'accident au travail de papa est grave, il va falloir que j'y aille. »

Sarah-Lou bien droite à côté de Laëtitia me regarde et tance son frère : « Solal, arrête, on ne sait pas si papa est vivant ! » Mon amour, ma petite fille, ma si petite fille... Je réexplique la situation aux enfants.

Dans la rue, les voisins sont tous dehors, une rumeur commence à bourdonner : il s'est passé quelque chose à *Charlie Hebdo,* comment va Tignous ?

Je cours dans tous les sens, je veux partir, tout de suite.

J'ouvre le portail pour sortir mon Grand Scénic. Ils me retiennent : « Non, Chloé, tu ne peux pas conduire. » Anne ou Gilles ou Dale, je ne sais plus, va chercher sa voiture pour m'emmener.

Je m'effondre dans la cour de mes voisins. Leur voiture n'arrive pas. C'est trop long, ces minutes sont des heures.

Je crie, je veux partir, maintenant.

Je fonce à ma voiture, démarre péniblement. « Non, Chloé, tu ne peux pas conduire ! » répètent les voisins, qui me bloquent volontairement.

Laëtitia arrive en courant : « Je t'emmène ! »

Il y a du monde à l'entreprise pour s'occuper de Sarah-Lou et Solal.

Sa voiture est juste là, je sors de la mienne, que j'abandonne, moteur tournant. Je me laisse faire, il est vrai que je ne suis pas du tout en état de conduire. Anne et Dale auront la gentillesse de rentrer ma voiture, laissant une éraflure sur l'aile avant droite. Elle est à peine visible, mais je ne verrai plus qu'elle pendant des semaines, obsédée par cette vilaine trace, une sorte de cicatrice, un signe de mort.

J'ai arrêté d'appeler Tignous.

*

Dans la voiture de Laëtitia, la radio. Je regarde par la fenêtre, hagarde. Il y a eu une fusillade dans les locaux même du journal. On parle de blessés. On évoque des morts. À cette heure, c'est tout ce que l'on sait. Laëtitia coupe l'autoradio et me dit doucement :

« Je ne sais pas comment tu fais pour rester aussi calme.

— On ne m'a pas dit qu'il est mort. Tant qu'on ne me l'a pas dit officiellement, j'ai l'espoir qu'il est vivant. »

À l'approche du boulevard Richard-Lenoir, tous les accès sont bloqués, je suis contrainte de continuer à pied. Je me retrouve seule. Toutes les entrées d'une vaste zone autour de la rue Nicolas-Appert sont verrouillées par la police.

« Je suis la femme du dessinateur Tignous, j'ai deux enfants en bas âge, je veux savoir s'il est vivant ou blessé » : ce sera ma phrase tout au long de l'après-midi, je la scande pour franchir péniblement les cordons de police ou poser des questions aux officiels.

Je dois négocier avec le premier policier du premier cordon de sécurité. Non, il a des ordres, il ne peut pas me laisser passer. Entend-il ce que je lui dis ? « Je suis la femme du dessinateur Tignous, j'ai deux enfants en bas âge, je veux savoir s'il est vivant ou blessé. » Un autre policier arrive et consent à m'accompagner jusqu'à la scène du drame. Il me paraît traîner des pieds. Je cours, il marche, d'une nonchalance exaspérante, en décalage complet avec ma réalité.

Le parcours est interminable, et à chaque barrage il me faut répéter : « Je suis la femme du dessinateur Tignous, j'ai deux enfants en bas âge, je veux savoir s'il est vivant ou blessé. »

Lorsque j'arrive enfin aux abords du lieu du drame, c'est le chaos. La rue est sous pression. Un va-et-vient permanent. Des ambulances. Des camions de pompiers. Des voitures de police. Des cars-régie. Des gyrophares. Des sirènes. Les éclats argentés de couverture de survie. Des ombres. Des fourmis. Des mouvements désordonnés. Je suis l'une des toutes premières proches de victimes à être arrivée sur place, mais je ne suis pas autorisée à aller plus loin, encore moins à entrer dans les locaux de *Charlie Hebdo*.

On me désigne une place, là, à côté d'un camion de pompiers, mais je ne veux pas m'asseoir sur ce petit bout de trottoir.

Je reste debout. Et, surtout, j'essaye de rester calme. Je n'arrête pas de me dire que, si je craque, je vais être reléguée dans la catégorie des « femmes hystériques » et que personne ne me parlera. Alors que, si j'ai l'air de me maîtriser, ils s'autoriseront à me parler, ils me diront la vérité.

Les pompiers, les infirmières, les policiers qui veulent bien me répondre ne disent rien.

À chacun, je me présente et répète : « Je suis la femme du dessinateur Tignous, j'ai deux enfants en bas âge, je veux savoir s'il est vivant ou blessé. »

Toujours la même réponse : « On ne sait pas. » Quelqu'un me dira même : « De toute façon, il n'y a pas de morts. » Horreur.

C'est long, les minutes se transforment en heures. Personne « ne sait », c'est insupportable.

Sur place, j'en sais moins que les gens qui écoutent les radios. On y parle de scène de guerre. On parle de kalachnikovs. On parle d'Al-Qaida. On parle de Daech. On égrène, sans certitude, des noms. Charb. Cabu. Wolinski. Riss. Luz. Willem. Catherine.

Mon papa me racontera des mois plus tard qu'au fil des flashes radio le nom de Tignous était cité puis retiré, puis cité de nouveau avant d'être encore retiré. Et pourquoi ? Parce qu'ils ne pouvaient pas annoncer officiellement sa mort tant qu'ils n'avaient pas informé la famille. Or la famille, moi donc, était sur place, mais personne ne voulait prendre la responsabilité, personne ne trouvait le courage de me parler ! « On ne sait pas. »

Dans la cohue, j'aperçois l'avocat de *Charlie Hebdo*, Richard Malka. Depuis le temps, on se connaît. Il est accompagné par Jeannette Bougrab[1]. Eux franchissent sans difficulté les cordons de sécurité, notamment celui qui protège l'entrée du petit théâtre, le Comédie Bastille, à une quarantaine de mètres de l'immeuble de *Charlie Hebdo*, et devenu depuis midi le QG de la Protection civile.

Je l'appelle : « Richard, Richard, ils ne veulent pas me laisser passer ! », mais il m'adresse un geste d'impuissance, une sorte de « je ne peux rien faire ». Pire, il n'essaye même pas. Cela fait partie des mille injustices de cette journée qui me poursuivront. Donc lui et cette femme que je n'ai jamais vue peuvent passer, quand moi, l'épouse de Tignous, mère de deux de ses enfants, je n'y suis pas autorisée.

---

1. Juriste, ancienne ministre de Sarkozy et compagne présumée de Charb.

Sur l'écran de mon portable, qui sonne sans cesse et auquel je ne réponds pas – que dire ? je ne sais rien –, s'affiche enfin le numéro de Marie, la fille aînée de Tignous. Je n'ai pas réussi à la joindre jusque-là, elle a préféré laisser son téléphone dans sa poche, après les premières rumeurs, plutôt que d'affronter les appels inquiets venus de toutes parts et les infos lapidaires sur l'attentat. Elle a décidé de me rejoindre. Quelques minutes plus tard, elle arrive en scooter avec son amoureux, Valentin.

Comme moi, ils ont pu franchir les premiers cordons de sécurité, mais nous restons coincés sur le boulevard. Et puis, enfin, je ne sais plus qui nous laisse passer et nous nous faufilons entre les tentes orange qui accueillent les blessés. Il faut encore se battre pour entrer dans le hall du Comédie Bastille.

« Je suis la femme du dessinateur Tignous, je suis avec sa fille aînée, j'ai deux enfants en bas âge, je veux savoir s'il est vivant ou blessé. » Je m'adresse en pure perte aux vigiles, aux infirmiers débordés, aux membres du Samu, aux policiers… Devant mon insistance, le professeur Didier Cremniter, responsable de la cellule d'urgence médico-psychologique du Samu de Paris, finit par me prendre par les épaules et me dire doucement, en me regardant bien droit dans les yeux d'un air condescendant : « Pour l'instant, on ne peut pas vous répondre. »

C'est au-delà du supportable. Une infirmière de la Croix-Rouge craque devant cet affligeant spectacle de lâcheté et s'adresse au responsable : « Je vous en supplie, mais dites-le-lui ! C'est insupportable ! »

Je hurle : « Il est mort ? Répondez-moi ! Je vous en supplie, répondez-moi ! Il est mort ? »

Le docteur Cremniter me regarde, mais ne répond pas, je tourne sur moi-même et j'aperçois dans le fouillis de la salle Luz, effondré, qui hoche la tête.

« Il est mort... »

Personne n'a eu le courage de le verbaliser. Cette phrase terrible, c'est moi qui la prononce. Moi seule.

Je ne m'entends pas hurler, mais je hurle à mort, un cri qui me déchire et me terrasse. Je m'effondre sur le sol, tout comme Marie. Anéanties un long moment. Je vois tout le monde bouger au ralenti. Les bruits me paraissent sourds. Je me suis réfugiée dans une bulle.

*

Nous finissons par entrer dans la petite salle de théâtre, destinée à l'accueil des « impliqués », dans le jargon urgentiste.

Pour l'instant, je ne comprends rien à ce que je vois. Ici – je l'apprendrai plus tard –, il y a encore deux heures, des comédiens répétaient leur pièce,

Rupture à domicile. La salle de spectacle, d'une jauge de moins de deux cent places, abrite déjà une cinquantaine de personnes. Des gens pleurent, d'autres s'étreignent. C'est Patrick Pelloux, urgentiste et chroniqueur de *Charlie Hebdo*, qui a inauguré le théâtre des opérations[1]. Il a débarqué au Comédie Bastille, soutenu par deux personnes, choqué et ensanglanté.

Absent de la conf', il était en réunion avec les équipes du Samu de l'autre côté du boulevard et a été le premier arrivé dans la salle de rédaction. Le premier à se prendre de plein fouet le choc du carnage de ses amis. À secourir les survivants, quatre blessés graves, en réanimation chirurgicale. À constater les morts. À lutter contre l'effondrement total, avec des visions au fer rouge. Il a appelé en personne François Hollande.

Un semblant d'organisation se met en place. Les administrateurs du théâtre ont installé des tréteaux sur la scène et proposent des jus de fruits, du thé, des gâteaux. Des gens de la Protection civile référencent les personnes présentes. On leur met des étiquettes autour du cou, on leur donne des couvertures de survie. Pas à moi. Personne n'est là pour nous accueillir, Marie, Valentin et moi. Prendre nos

1. Voir Patrick Pelloux, *L'Instinct de vie*, Le Cherche midi, 2017.

noms. Nous dire ce que l'on doit faire. Eux aussi semblent être dans l'improvisation totale d'un événement qui sort de la norme et nous dépasse tous.

Je me pelotonne dans une travée, contre le mur, les tuyaux du chauffage me broient le bas du dos, ils me font mal, je m'en fous.

Tignous est mort…

Tignous est mort.

C'est irréel.

J'appelle mon papa, « Zozo », qui habite dans le Berry :

« Il est mort, papa. Papa… papa… il est mort.

— Je sais, ma puce, je sais, j'arrive, je suis déjà en route avec Catherine. Je t'aime. »

Plus difficile, il me faut appeler maintenant ma maman, Solange, qui est avec Solal et Sarah-Lou.

Quand elle reçoit mon appel, elle sort du restaurant japonais où elle les a emmenés.

« Maman, ne pleure pas. Maman, il est mort. Tu ne pleures pas. Maman, ne pleure pas.

— D'accord, mon amour, d'accord, je ne pleure pas, je ne pleure pas. »

Ma maman, c'est si difficile ce que je lui demande. Elle ravale ses larmes, elle est dévastée, mais elle va être forte pour les petits.

« Tu ne leur dis rien, je leur parlerai en rentrant.

— Oui, mon amour, oui, je t'aime. »

Dans la salle du Comédie Bastille, Coco, enveloppée dans le doré d'une couverture de survie, défaite et toujours en larmes, semble errer. Je m'approche, elle est mon lien avec Tignous.

« Je suis désolée, je suis désolée, me répète-t-elle, c'est moi qui ai ouvert la porte… J'ai tapé le code. C'est moi qui leur ai ouvert la porte… »

Je m'entends lui répondre, sans bien comprendre la portée de ce que je lui dis, qu'à sa place j'aurais fait la même chose. Mais pourquoi lui ai-je dit ça ? Parce que je suis bienveillante. Parce qu'elle est dévastée. Parce que je l'aimais. Je n'en suis pas fière, mais, aujourd'hui encore, je ne peux rien lui pardonner. Rien. Quant à savoir si cela est juste ou non, je ne le peux pas. C'est indicible.

J'ai la langue qui colle au palais, la bouche terriblement sèche, je ne parviens plus à parler. Une infirmière le remarque et m'explique : « C'est l'adrénaline. » Elle m'apporte une bouteille d'eau. Ce petit geste de solidarité, le premier, me fait du bien. À part cela, je me sens à la dérive. Isolée dans cette assemblée.

Puis, Henri arrive. Henri, c'est un psychiatre bénévole qui a décidé de venir sur les lieux après avoir entendu les infos. Avec Marie, on le surnomme « Moustache ». Dans mon souvenir, il est grand et mince, la cinquantaine, porte des lunettes et… une moustache. Il est le premier à venir vers moi et surtout à m'écouter, à me prendre en compte. Nous parlons un peu, je ne me rappelle plus bien, mais il est direct aussi bien dans ses questions que dans ses réponses. Je pense à cet instant avec un calme effrayant que je vais me laisser mourir, mais il y a quelque chose de violent dans ses certitudes, il me secoue, je vais vivre, il me l'assure.

*

Le théâtre constitue une bulle de repli dans le vacarme ambiant. Je ne sais rien de ce qui se trame, de ce qui se dit dehors. Tout ça, je le saurai bien plus tard, des mois après.

Qu'à 12 h 50, le président de la République est venu rue Nicolas-Appert constater la tuerie, avec Manuel Valls, Premier ministre, et Fleur Pellerin, ministre de la Culture et de la Communication. Qu'il a eu ces mots : « Des journalistes et des policiers ont été assassinés. Il y a onze personnes qui sont mortes et quatre sont entre la vie et la mort. [...] Il y a quarante personnes qui sont maintenant protégées. [...] La France est devant un choc. Car c'est un attentat terroriste, ça ne fait pas de doute. Nous devons montrer que nous sommes un pays uni. »

Le plan Vigipirate a été activé. La traque des deux ou trois tueurs – on hésite encore sur le nombre exact – qui ont voulu venger Mahomet, comme ils l'ont clamé dans la rue, commence. Ils ont aussi semé la mort hors de la rédaction. Dans quelques minutes, à 14 heures, l'Élysée tiendra sa première réunion de crise.

La presse du monde entier cerne le secteur. Les personnalités politiques défilent pour rendre hommage aux victimes. Le slogan « Je suis Charlie », forgé par le directeur artistique Joachim Roncin dans les toutes premières heures, tourne sur des millions de photos postées sur les réseaux sociaux, s'affiche dans autant de statuts.

Mon événement important à moi, c'est l'arrivée de Jeanne, la cadette de Tignous, dans la cellule de crise. Ce matin-là, alors qu'elle était au lycée, Marie et moi l'avions appelée à l'heure du déjeuner, sans rien lui dire de la situation, en lui faisant promettre de ne pas regarder son téléphone et de ne pas bouger en attendant que sa mère, Rose, la rejoigne. Elles sont arrivées ensemble au théâtre. Nous nous étreignons fort, puis je perds Jeanne et Rose de vue, et je ne sais pas comment elles quitteront le théâtre. Marie et moi sommes chevillées l'une à l'autre. Nous les recroiserons très rapidement en partant de l'Hôtel-Dieu et ne les retrouverons que tard dans la soirée en rentrant à la maison.

Vers 16 heures, la petite assemblée du théâtre commence à bouger. La police envisagerait de déplacer les « impliqués » à l'Hôtel-Dieu, où se déroulerait la première réunion de crise et de débriefing pour les proches des victimes. Mais personne ne vient nous le dire. Une fois encore, nous sommes sous les radars. Ni Marie ni moi ne semblons faire partie du mouvement prévu, et nous ne trouvons aucun interlocuteur officiel apte à nous renseigner. J'aimerais tellement rentrer chez moi et prendre Solal et Sarah-Lou dans mes bras.

Dans la salle qui se vide, je tombe sur Patrick Pelloux. Lui me conseille d'aller à l'Hôtel-Dieu.

« Mais Patrick, il faut que je rentre parler à mes enfants…

— Alors, surtout, ne pars pas seule, on va t'accompagner, on va trouver un psychologue pour t'aider à leur parler. Tu ne pars pas seule, hein ? »

Je le lui promets.

Puis, dans le mouvement de la salle, je le perds de vue.

Marie, Valentin et moi suivons le flux des gens jusqu'à une cour encombrée de voitures qui partent sans nous. Là encore, je dois m'imposer : « Je suis la femme du dessinateur Tignous, je suis avec sa fille aînée et son amoureux, j'ai deux enfants en bas âge… » Je ne me souviens même plus dans quelle voiture nous avons finalement embarqué pour l'Hôtel-Dieu.

En arrivant je retrouve, soulagée, Patrick. Je veux rentrer parler à mes enfants et il faut quelqu'un pour m'accompagner, j'ai promis. « On va trouver quelqu'un, on va te raccompagner », me rassure-t-il. Les psychologues et les médecins nous reçoivent tous dans un amphi de l'hôpital, puis nous séparent en deux groupes, les rescapés de *Charlie Hebdo* et les proches des victimes. Marie et moi rejoignons la fille unique d'Honoré[1] et la compagne de Bernard Maris[2].

Le psy qui nous écoute est d'une incompétence totale. Il est hors-sol. Presque ridicule, tout à fait inadapté. Marie me jette un coup d'œil : on sent que c'est mal barré. Que ça va être le bordel. Et, contre toute attente, nous sommes prises d'un rire nerveux.

Dans le couloir, des gens agitent des listings avec des noms. Il n'y a pas le mien, et je demande cette fois que l'on veuille bien m'inscrire. Cet acte insignifiant a des allures de petite victoire. C'est symbolique.

Je suis soulagée de retrouver ici Moustache. Il me cherche depuis le départ du Comédie Bastille

---

1. Hélène Honoré, professeure d'économie dans l'enseignement supérieur.

2. Hélène Fresnel, journaliste à *Psychologies magazine*.

et insiste pour que je lui parle de nouveau. Il n'a pas tort. Durant une heure, dans un petit bureau, il va m'écouter. J'évoque ma famille, nos enfants, mon amoureux. Il est tranchant et presque brutal, mais il m'aide à me raccrocher à la vie.

En partant, la main sur la porte, il s'arrête et se retourne pour me dire en souriant : « Je ne me fais pas de souci pour vous. Vous allez tenir debout. Je n'ai jamais connu quelqu'un avec un esprit de résilience comme le vôtre. »

Et là, au milieu de l'horreur, je ris pour la première fois, et de bon cœur. « Ah, mais ça, c'est parce que vous ne connaissez pas Mamie Pola ! », je rétorque, en pensant à la force de ma grand-mère, rescapée des camps.

Les mots de Moustache m'ont sauvé la vie, je crois. La goutte de plomb qui rétablit l'équilibre.

*

J'insiste pour que des spécialistes me raccompagnent comme me l'a conseillé Pelloux.

J'ai promis. Il faut qu'ils m'aident à parler à Sarah-Lou et Solal. Deux bénévoles de la Croix-Rouge se proposent, et nous regagnons Montreuil, avec Marie et Valentin, que j'ai retrouvés. Jeanne et Rose, que nous croisons dans une autre salle en partant, nous rejoindront plus tard à la maison.

7 janvier

Devant le portail, je demande aux deux bénévoles de la Croix-Rouge d'enlever leurs gilets. Je ne souhaite pas inquiéter mes enfants. Ces gilets sont trop anxiogènes. J'ai les réflexes, je les protégerai. De presque tout.

J'ouvre le portail, et nous entrons dans un nouveau monde. Il faut que je sois forte pour leur parler.

Il n'y a que sous la douche, bien plus tard, que je m'autoriserai à pleurer.

4

Sans papa

Il y a bien une centaine de personnes à cette heure dans la maison. Mes parents, des amis, des voisins… Je goûte à cette solidarité qui réchauffe, malgré une immense tristesse qui nous sert de toit commun, mais je m'écarte rapidement avec Marie et Sarah-Lou, et une des filles de la Croix-Rouge. Nous nous réfugions dans ma chambre.

Je sais que Sarah-Lou a compris. Je veux lui parler en premier. Elle pleure, mais pas longtemps. Dans les bras de sa grande sœur, cette petite fille, ma petite fille, est d'une force et d'une générosité incroyables : « Je sais, maman. C'est plutôt à Solal qu'il faut expliquer maintenant. »

Marie est allée chercher Solal, à qui j'explique : « Papa a eu un accident très grave… Il ne va pas se réveiller… Il ne rentrera pas…

— Ben, il est mort.

— En fait, c'est comme s'il s'était endormi et qu'il n'allait pas se réveiller.

— Il est mort ? »

Je regarde la jeune fille de la Croix-Rouge, qui me confirme d'un signe de la tête que je dois lui répondre.

Encore une fois, c'est moi qui prononce ces mots-là :

« Oui, Solal, il est mort.

— Bon, il faut que tu trouves un nouveau mari, mais un gentil. »

Solal ne pleure pas. Il ne pleurera pas pendant au moins un an et demi. La colère froide et durable de ce petit garçon est impressionnante.

Les bénévoles de la Croix-Rouge se sont éclipsés. Je regagne le salon en compagnie des enfants. J'embrasse tous ces visages tristes, bouleversés, amis.

La maison est sous bonne surveillance, celle de Zozo, qui se charge de moi, et celle de Solange, qui s'occupe des enfants. Les amis s'attardent comme pour une longue veille. Elle durera – nous ne le savons pas encore – jusqu'aux vacances de février. Les amis seront présents, vingt heures sur vingt-quatre. Ils feront les courses, prépareront ou apporteront à manger, achèteront du papier toilette, sortiront les poubelles… Plein de petits gestes destinés à nous rendre moins pénible un nouveau quotidien, imprévu et terrible, qui doit trouver ses marques. Ils tiendront le siège, commenteront mes interviews lorsque je rentrerai, et tenteront comme ils pourront de combler le vide immense qui semble s'être installé dans notre vie. La maison est un îlot de résistance où l'on se tient chaud.

*

Et puis, il a fallu dormir. La sidération avait provoqué un état d'hypervigilance qui semblait me condamner à l'éveil. Une question me taraudait depuis le retour à la maison : dormir, mais où ?

Je ne pourrais pas dormir sans toi dans notre lit.

Je ne voulais plus entrer dans cette pièce.

Je m'étais dit que je me coucherais sur le canapé même pas convertible du salon. C'est inconfortable, mais je m'en fous. Sauf que Sarah-Lou et Solal veulent dormir avec moi, dans notre lit…

Notre lit, devenu mon lit. Comment leur dire non ? C'est entre eux deux que je me suis donc glissée au petit matin.

Je ne peux pas pleurer. Je ne veux pas les réveiller, qu'ils profitent de ce court répit.

Dans leur sommeil, ils se collent à moi, et je m'endors en les écoutant respirer. En les entendant vivre. Il allait me falloir te survivre pour les écouter vivre, encore.

Durant des semaines nous avons dormi en vrac, accrochés à ce matelas comme des naufragés.

5

Lendemain

Frédéric Boisseau.
Franck Brinsolaro.
Jean Cabut, dit « Cabu ».
Elsa Cayat.
Stéphane Charbonnier, dit « Charb ».
Philippe Honoré, dit « Honoré ».
Bernard Maris.
Mustapha Ourad.
Michel Renaud.
Bernard Verlhac, dit « Tignous ».
Georges Wolinski.

C'est ce que les gens ont lu le lendemain.
Pas moi.
Me réveiller sans Tignous m'avait coupée de toute réalité.

6

Un rire humide

Quarante-huit heures après la mort de leur papa, j'ai emmené les enfants à l'hôpital Necker. Patrick Pelloux me l'avait vivement conseillé et m'avait transmis le nom d'un responsable. J'ai dû batailler pour décrocher un rendez-vous. Rien n'était prévu pour les familles des victimes du 7 janvier, tout s'est fait à mon initiative et par effraction. Zéro organisation. Les Cumps (Cellules d'urgence médico-psychologiques, un acronyme de plus, il faudra s'y faire) ont fini par nous trouver un créneau, le 9 janvier en fin de journée.

Nous sommes reçus dans une pièce blanche, sale et froide, où s'entasse du mobilier de bureau inutile. Pas du tout un lieu pensé pour recevoir des enfants. Quelques chaises ont été disposées en cercle pour nos échanges avec les « spécialistes ». Des haut-parleurs accrochés aux murs crachent en permanence des départs d'ambulances. En direction de la Porte de Vincennes, notamment, destination l'hyper-casher où un autre assassin a retenu et tué des otages au nom d'un dieu. Pour l'heure, nous ignorons le nouveau drame qui se joue à quelques kilomètres. L'ambiance est extrêmement anxiogène et sordide.

Ma Sarah-Lou me bouleverse, au cours de cette heure d'entretien, à dire que « tout va bien », tandis que Solal essaie d'apprendre à nager la brasse sur le sol... Enfin, pas vraiment, mais c'est l'image qui me vient quand je revoie mon petit garçon, très concentré sur sa tablette, faisant mine de ne pas entendre les questions qu'on lui pose, et qui jettera juste un regard froid aux psychologues pour leur dire, d'une voix neutre : « On aura un nouveau papa. » Et de se replonger dans son jeu.

J'avais insisté pour revoir Moustache, qu'il vienne à Necker. Tandis que mes enfants sont pris en charge par les pédopsychiatres, nous nous retranchons dans une petite pièce pour parler. Il est toujours aussi direct mais, deux jours après, c'est trop brutal. Je ne le supporte pas. Je ne le reverrai plus.

Bilan de la séance des enfants ? Sarah-Lou « va très bien ». Et Solal ? « Il va bien mais se fait du souci pour vous. »

Ils sont incapables de voir que ma petite fille est en plein *effet miroir*, qu'elle se projette dans une réalité qu'elle s'est fabriquée, où elle donne le change.

Quant à mon petit garçon, il refuse de parler parce qu'il est terrorisé… Imbéciles !

C'est à partir de cet instant que je me suis dit que l'on se débrouillerait tout seuls. J'ai trente-six ans, des enfants et, paraît-il, la vie devant moi. Je dois me reconstruire, faire confiance à ces institutions bardées de « spécialistes » qui me promettent que « ça va aller », que nous allons être soutenus, que l'on va s'occuper de nous. À ce moment-là, je n'y crois pas du tout.

Au lendemain de ton assassinat, on cherche à me consoler avec un : « Heureusement, tu as les enfants. » J'aime profondément nos enfants et je m'en occupe du mieux que je peux. Mais c'est difficile. Je ne veux pas vivre sans toi. Je pense que je ne le pourrai pas.

Je suis terrifiée à l'idée que nos vies deviennent un long 7 janvier.

*

Patrice Bessac, le maire de Montreuil, avait mis sa voiture de fonction à notre disposition, et son chauffeur nous raccompagnait. J'étais dans la voiture quand Christiane Taubira[1] m'a téléphoné.

J'aurais dû être surprise, mais plus rien ne m'étonnait. Très vite, notre échange est devenu fluide et bavard, si bien que nous étions encore en

1. Ministre de la Justice, à l'époque.

ligne quand je suis arrivée chez moi. Je l'ai mise en attente pour dire au revoir au chauffeur, puis de nouveau lorsque je suis entrée dans la maison pleine de monde. J'ai salué l'assemblée et me suis retirée dans ma chambre pour continuer ma discussion avec la ministre.

Elle a ri.

Elle a ri avec tellement de tendresse que j'en ai été enveloppée.

Elle a ri parce que personne, m'a-t-elle dit, ne lui avait encore fait ça : la mettre en attente pour faire des politesses. Cette attitude lui a plu, que je n'oublie pas mes proches sous prétexte que j'ai la garde des Sceaux au bout du fil.

« Vous voulez que je vous raconte ce que nous avons vécu ?

— Je vous en remercie. Nous ne savons que ce que l'on nous a rapporté, alors oui, je veux bien que vous me racontiez.

— J'aime votre rire humide… »

Je me suis appliquée à lui faire un récit le plus fidèle et détaché possible.

Nous avons parlé longuement, de femme à femme, de combattante à résistante.

Ce jour-là, je crois, nous sommes devenues amies.

7

L'iPad

C'est étrange, les jours se mélangent un peu, le temps se dilate ou se compresse. Je me rappelle chaque moment, mais la chronologie me fait défaut. Tout est éparpillé, en fragments. Après le 7 janvier, je vis plusieurs journées par jour, le quotidien devient fou.

Peu après – était-ce le lendemain ? –, je vais voir ce qu'il reste de l'équipe du journal, hébergée par solidarité dans les locaux de *Libération,* rue Béranger à l'époque.

Dans le hall de *Libé,* je tombe sur Luz et Catherine. Ils sont vivants parce qu'ils étaient en retard à la réunion.

Ce sont de drôles de souvenirs qui remontent à la surface. Ces dernières années, j'évitais un peu Luz. Je vais lui expliquer pourquoi. Là. Maintenant.

Lors d'une soirée, sa copine de l'époque pleurait sur l'épaule de Tignous, et Luz et moi avons dansé collés-serrés, nous avons beaucoup ri, et beaucoup bu. Quand Tignous nous a rejoints, j'ai fait semblant de ne pas le voir. Je pensais qu'il allait m'admirer et trouver que je dansais hyper bien. J'étais bien un peu saoule, et j'avais oublié à quel point il était jaloux. Fou de rage, il m'a plantée là et est parti. Quand je l'ai rejoint chez lui, il m'a fait vivre l'enfer. J'ai dû lui expliquer, m'excuser et, pour qu'il ne s'imagine plus rien, je me suis tenue à distance de Luz.

Bref, dans le hall de *Libé*, cette histoire vieille de plus de dix ans nous a fait rire. Rire à en pleurer. Et nous avons pleuré. Du rire aux larmes. Tellement pleuré.

Voir Luz me rend moins étrangère à moi-même et aux autres. Dans la salle de rédaction, je connais et reconnais des gens. D'autres sont là, que je n'ai jamais vus. Ils parlent des rescapés, des blessés lourds, Simon Fieschi, Philippe Lançon, mais je n'entends qu'un brouhaha de noms, je ne me sens aucune force d'empathie.

La vue de l'avocat Richard Malka suscite en moi une colère qui me submerge. Je l'alpague, je lui hurle mon dégoût, lui qui a feint de ne pas me reconnaître et n'est pas intervenu pour que je passe les barrages de police le 7 janvier. Dans la rédaction, le silence qui s'impose est palpable. Il bafouille, s'excuse, m'affirme qu'il ne m'a pas reconnue, c'est affligeant. Il m'enverra une lettre quelques semaines plus tard, sans malheureusement pouvoir donner une autre justification à son attitude.

Pour *Charlie Hebdo*, l'urgence est de publier au plus vite un nouveau numéro. Montrer que le journal se tient debout face aux tueurs. Mes sentiments sont mêlés. Je n'ai pas le courage de chercher des dessins dans le bureau de Tignous pour les leur confier, mais je pense à tous ceux qui sont dans son iPad. Et à toutes les photos de nous, des enfants, qui s'y trouvent. Ses derniers souvenirs.

A priori, la tablette est encore dans les locaux de la rue Nicolas-Appert, placés sous scellés le temps de l'enquête. J'ai dit à Christiane Taubira que je voulais récupérer cet iPad, c'est horrible de le savoir là-bas et de ne pas l'avoir. Je me souviens que, sur un ton complice et coquin, elle m'a répondu : « Je m'en voudrais si, à cause de cela, il n'y avait pas de dessins de Tignous dans ce numéro. » Je l'avais évoqué et elle avait bien compris que ces dessins n'étaient pas l'essentiel, qu'ils n'étaient qu'un prétexte, une raison légitime, pour récupérer l'iPad.

*

La mémoire me joue des tours. Je n'arrive plus à situer la séquence. Djeneba Keita, première adjointe du maire de Montreuil, mon ange gardien au cours de ces jours bousculés, m'accompagnait. En haut de la rue Nicolas-Appert, deux policiers en civil m'attendaient. Djeneba n'a pas été autorisée à nous suivre jusqu'aux locaux de la rédaction. Je suis partie seule avec eux dans leur véhicule. Je n'étais jamais venue ici.

Nous sommes entrés dans le hall. Des gants en plastique jonchaient le sol et débordaient des poubelles. Des gants chirurgicaux bleus, rouges de sang.

En montant l'escalier, les policiers m'ont expliqué qu'ils ne pourraient pas me laisser entrer dans la pièce ; ils m'apporteraient l'iPad sur le palier. J'ai acquiescé. Je crois que je n'aurais jamais eu la force de les suivre à l'intérieur, de toute façon.

Pendant qu'ils me parlaient je regardais toutes ces marches couvertes de sang. J'essayais de ne pas poser mes pieds dedans.

Et si dans tout ce sang il y avait celui de Tignous ?

Et si je marchais dans son sang ?

C'est mon sang qui s'est figé, et j'ai été prise d'un vertige.

Je me suis arrêtée entre le premier et le deuxième étage.

« Je suis désolée… il y a trop de sang… je ne peux pas…

— Évidemment ! Qu'on est cons ! Redescends avec madame, je monte voir », a ordonné le policier qui, je crois, était capitaine.

Le second policier m'a prise sous le bras pour m'aider à descendre et m'a installée sur la banquette arrière de la voiture. Il est allé me chercher un verre d'eau sucrée. Je m'en souviens parce que cela m'avait surprise, je ne connaissais pas les vertus de l'eau sucrée en cas de malaise.

Il m'a expliqué que son collègue allait redescendre avec tous les iPad qu'il aurait trouvés, je n'aurais qu'à désigner celui de Tignous. Et s'il n'y était pas ?

Quand le capitaine est revenu, il n'avait qu'un seul iPad dans les mains.

Était-ce le sien ?

Celui de Tignous avait une protection d'écran aimantée grise.

Celui que j'avais sous les yeux n'en avait pas.

Et puis j'ai compris.

Elle était pleine de sang et les enquêteurs l'avaient retirée pour nettoyer l'iPad.

Le nettoyer de tout ce sang...

« Il n'y en avait qu'un, je suis désolé. C'est celui-ci ?

— Je ne sais pas... j'espère...

— Vous connaissez le code ? »

Le code ! Est-ce que je connais le code ? Mais oui ! Non, je l'ai oublié ! Si, je le sais ! Le code, le code...

J'ai tapé et l'iPad s'est allumé.

Je l'ai serré très fort contre moi.

Impossible de contenir mes larmes.

« Merci, merci, merci infiniment, c'est celui-là, c'est bien le sien ! »

Pour récupérer le précieux objet, les policiers avaient dû faire sauter les scellés.

Christiane Taubira, ministre de la Justice, garde des Sceaux, leur en avait donné l'autorisation. Pour moi, pour Tignous, pour nos enfants. Par humanité.

Et elle avait suivi tout cela, étape par étape, depuis la réunion interministérielle où elle se trouvait.

C'est une grande dame que j'ai eu la chance de rencontrer. Elle est une amie, avec qui j'aime correspondre et qui a un sens des formules dont je me délecte…

« Tant pis pour les couillons, *no pasarán*. »

8

Sidérée

« Je suis sidérée », « ça me sidère » : jusqu'ici, j'utilisais ces expressions comme tout le monde, sans en comprendre la signification réelle.

La sidération est un état cotonneux, qui atténue les bruits autour et semble ralentir gestes et mouvements.

Le cerveau se déconnecte pour ne pas être empoisonné par la décharge d'adrénaline. Plus de son. Plus de douleur. Plus de chagrin. Plus rien.

Le 7 janvier, quand enfin j'ai su, j'ai vécu dans ma chair ce que jusque-là je n'avais vu que dans les films. Les gens partout s'agitaient au ralenti et criaient en silence.

Je suis tombée à terre.

J'ai vu Valentin relever Marie.

Je me suis relevée seule.

Je ne voulais pas qu'on me touche.

Je me rappelle m'être mise à l'écart et, dans mon coin, avoir regardé cette effervescence muette et saccadée, tout, autour de moi, se déroulait au ralenti, c'était doux, je n'avais pas mal, je n'étais pas triste, je ne ressentais rien.

Plus rien.

Je me suis dit que je ne parlerais plus jamais.

Je n'ai plus rien à dire.

Et soudain, le bruit, les cris, la fureur de l'instant.

*

J'ai compris très longtemps après ce qui s'était passé. On m'a expliqué le processus mental. Mais durant des semaines, j'aurai été étrangère à moi-même. Mes émotions, mon mode de pensée étaient devenus un puzzle de mille pièces éparpillées et qui ne s'agençaient plus du tout comme avant. Je luttais contre des sautes d'humeur. Je ne dormais plus. Je ne pouvais pas m'empêcher de fabriquer et d'être parasitée par des images horribles, elles surgissaient quand je baissais la garde, que je m'y attendais le moins. J'étais moi et une nouvelle. J'avais le sentiment de me déconnecter et de me reconnecter.

Dans les semaines et même les mois qui ont suivi, je me suis mise à beaucoup parler de Tignous dans les médias, à le *faire revivre* par mes évocations lors de rencontres, festivals et séances de dédicaces. Je me préparais comme pour une lutte aux enjeux cruciaux. « Je me concentre » est devenu mon expression. Le cerveau scindé en deux, je me déconnectais quand je parlais de toi, sans douleur et avec une émotion que je maîtrisais. C'était presque simple. J'avais une mission. J'avais l'impression d'être ton attachée de presse pour la vie. Mais ensuite, je me retrouvais épuisée, vide et immensément triste. La douleur de vivre me submergeait de nouveau quand je me reconnectais. Depuis le 7 janvier, mon cerveau avait compris comment se protéger, s'autoanesthésier, et maintenant, sans m'en rendre compte, je reproduisais ce savoir-faire inconscient.

Connectée, déconnectée.

Quand je parlais de Tignous, quand je le représentais, je me déconnectais.

Quand c'était fini et que j'étais de nouveau seule, je me reconnectais.

Connectée, déconnectée.

Et ça faisait mal, horriblement mal, avec, chaque fois, des séquelles. Un blanc qui se crée et qui efface quelque chose.

Je n'ai pas perdu la tête mais j'ai perdu la mémoire.

J'ai perdu une partie de moi.

Au sens propre comme au sens figuré.

Le plus difficile, désormais, allait être d'apprendre à ne plus me déconnecter mais à vivre avec, ou plutôt à vivre sans. Et sans se protéger.

9

Nation

La marche du 11 janvier…

C'est complètement fou.

Nous nous retrouvons près de la gare d'Austerlitz – dans mon souvenir, mais est-ce exact ? – pour prendre un bus sécurisé qui nous emmène sur le lieu de la manifestation.

Nous, c'est les gens de *Charlie,* les familles des victimes et certains de nos proches. Mon ami Denis[1] nous accompagne, Marie et moi – les petits sont restés à la maison. Denis est inquiet. Il a mis dans son sac des barres de céréales et de l'eau, au cas où, pour que je tienne le coup. Denis qui veille sur moi, qui me soutient quand je vacille.

Jeanne et mes parents, protégés par Aziz, sont partis en métro avec la délégation de Montreuil : le maire Patrice Bessac, Djeneba Keita, Antoine Maesano… Anonymes dans la foule.

---

1. Denis Gravouil, secrétaire général de la CGT Spectacle.

Si Jeanne peut être là, au milieu de la manifestation, c'est grâce à la protection d'Aziz. Ce même Aziz qui m'accompagnera ensuite lors de toutes mes sorties officielles avec la mairie de Montreuil, et qui sera mon garde du corps pendant de longs mois. Aziz, avec qui j'ai vécu tant de moments bouleversants, Aziz encore, qui ne pourra pas retenir ses larmes le 15 janvier, à l'enterrement de Tignous au Père-Lachaise.

Nous attendons longtemps avant de commencer à marcher.

Il fait froid.

Le défilé démarre, mais une trentaine de minutes peut-être après le début de la manifestation, les forces de l'ordre veulent nous évacuer pour raison de sécurité. Il y a trop de monde, nous sommes au milieu d'une foule immense qui déborde.

En quelques jours, nous avons pris l'habitude d'écouter et de respecter les « directives de sécurité ». D'obéir en zombies – que nous sommes presque.

Cette fois, nous sommes quelques-uns à nous insurger, une petite poignée qui refuse l'exfiltration, Luz, Béatrice Cayat, Patrick Pelloux… Nous ne sommes pas venus faire de la figuration, juste pour dire : « J'y étais. » Nous sommes là pour battre le pavé avec le reste du pays.

Les forces de l'ordre sont débordées, elles n'avaient pas prévu que nous continuerions. Le service d'ordre de la CGT Spectacle est venu en renfort. Ils nous encadrent, ouvrent le passage pour que nous puissions avancer, puis nous attendons. Ils écartent, poussent pour nous frayer un passage et nous avançons encore. Nous progressons ainsi, par vagues, jusqu'à la place de la Nation.

Je sais pourquoi je suis là. La puissance et la générosité de cette foule me rendent forte, j'ai envie de leur hurler que nous sommes là, debout, que nous allons occuper la rue, la Cité, que nous ne laisserons pas les ténèbres de l'obscurantisme s'abattre sur nous, que nous allons lutter ensemble, citoyens de France, de toutes les religions et de toutes les couleurs, républicains de tous bords politiques, unis pour défendre la laïcité et la liberté d'expression.

*

Le matin, mon amie la dessinatrice Louison m'a parlé de l'émission hommage organisée le soir même dans les locaux de Radio France. Elle m'a proposé de l'y rejoindre. J'accepte. Je sais que les copains de Tryo y seront, et certains dessinateurs dont Pascal Gros.

La marche terminée, un taxi vient me chercher chez moi.

Dans le hall de la maison de la Radio, je me laisse embarquer. Je croise plein de gens, des visages amis, je veux dire bonjour, mais je suis entraînée ailleurs. « Non, on n'a pas le temps », « Venez », « Oui, oui, plus tard », « Non, pas le temps pour le maquillage ». J'entends tout ça comme des dialogues lointains, je vois passer des visages amis, je suis poussée vers je ne sais où, tout va un peu trop vite. On me déleste là de mon manteau, ici de mon écharpe, de mon bonnet, de mon sac. Et tout à coup, je me retrouve dans un petit sas tout sombre, à l'entrée d'un plateau, avec un micro dans les mains.

« C'est à vous dans une minute. »

J'ai l'impression d'un malentendu. Je suis venue pour retrouver des amis, pour que nous nous tenions chaud, que nous continuions cette journée ensemble… pas pour ça.

Je n'ai pas le temps de m'expliquer.

Nagui m'annonce au public : « Chloé Tiguenousse ! »

TIG-NOUS !

Il a dû entendre son nom des centaines de fois depuis quatre jours et n'est pas foutu de le prononcer correctement. Mais à cet instant mon attention est focalisée sur le fait que je suis en robe, que je suis toute petite et qu'il va falloir que je me hisse aussi dignement que possible sur un immense tabouret, sans rien devant pour m'y aider, avec cet énorme micro dans une main.

Cette problématique terre à terre m'empêche heureusement de me laisser gagner par l'émotion. Il faut que je me concentre.

Je viens de comprendre que Tignous, pour l'instant, ne m'appartient plus. Il appartient à la nation, le chagrin est collectif. Les gens vont avoir besoin de vivre ce deuil ensemble.

Je comprends que je ne peux pas garder Tignous pour moi, nous devons le partager. C'est pourquoi je décide que ses obsèques seront publiques.

10

Le cercueil

La maison fourmille de monde. Beaucoup de monde, comme toujours depuis quatre jours.

Dehors, des Montreuillois, des inconnus, déposent des bougies, des fleurs, des crayons, des lettres…

Mon papa, Zozo, venu du Berry où il habite, m'accompagne partout et s'occupe de mon « secrétariat ». Il dort dans ce qui est à la fois mon bureau et la chambre d'amis.

Les réunions se faisaient là, entre mon bureau, son lit et le gros coffre qui trônait au milieu. Patrice Bessac et son équipe avaient pris la logistique à bras le corps depuis l'assassinat de Tignous.

Il était 21 heures passées. Nous étions comme retranchés dans cette petite pièce, bien trop petite pour contenir le maire de Montreuil, sa première adjointe, son directeur de cabinet, son secrétaire particulier, mon papa et moi. Sans oublier la responsable des pompes funèbres, que le maire a fait chercher chez elle !

Nous avons ri comme des sales gosses en imaginant sa tête lorsqu'elle a entendu sonner, si tard, alors qu'elle devait être bien calée devant le film du samedi soir. Elle nous a rejoints, a salué la petite assemblée, un peu étonnée et perdue de tomber au milieu de cette foule aux airs de fin du monde joyeuse. Et moi qui prenais conscience d'une réalité tragique : il allait falloir enterrer Tignous.

Elle m'a dit, très fière : « Les délais sont un peu courts, mais vous savez, pour vous, je pourrais avoir un cercueil en laqué blanc. »

Quelle horreur ! J'ai peut-être ri, je n'en suis pas sûre, mais c'est à cet instant précis que j'ai eu cette idée géniale.

Il fallait un cercueil en bois.

En vrai bois, en bois d'arbre, en chêne même, tant qu'on y était.

Sans vernis. Brut.

Pour que les copains puissent dessiner dessus.

Tignous disait que c'est parce qu'il ne savait pas bien s'exprimer en mots qu'il dessinait.

Alors comment tous ses amis dessinateurs pourraient-ils lui dire au revoir avec des mots ? J'allais leur donner la possibilité de le faire avec des dessins ! Et sur le cercueil !

Parce que c'était comme Tignous : irrévérencieux et classe !

11

Je te continue

Nous avons fait entrer dans la mairie la famille et les amis les plus proches, autant que nous avons pu. La foule était immense et nombreux sont ceux de nos amis qui ont dû rester dehors avec tous ces anonymes qui pleuraient Tignous.

La mairie de Montreuil avait géré l'organisation avec une efficacité redoutable. Une logistique impressionnante avait été mise en œuvre. La mairie avait créé, à partir de mes fichiers, un listing de gens accrédités pour entrer, et une adresse e-mail pour les réponses.

Prévoyant l'impact de l'événement, le maire a demandé aux agents de la voirie de ne pas verbaliser les voitures garées n'importe comment, afin que les gens ne soient pas punis d'être venus en masse rendre ce « dernier hommage » – en réalité, un parmi une longue série pas près de s'arrêter – à Tignous. Je ne l'ai appris que bien plus tard, et j'ai trouvé le geste très délicat. Ce sont des petites choses, des petites attentions comme celles-là auxquelles je me suis raccrochée pendant toute cette période pour ne pas perdre pied.

C'était le 15 janvier 2015.

Une salle, la salle des mariages, celle-là même où nous nous sommes mariés, est réservée pour les enfants et moi, la famille et quelques amis très proches. Il y a des viennoiseries, des boissons auxquelles personnes n'a touché et beaucoup de lumières.

Je fais des allées et venues entre cette pièce et la grande salle des fêtes, où un écran géant projette en boucle des photos de Tignous. Il y a de la musique, Jean-Louis[1] s'en est occupé, mais je n'ai plus aucun souvenir de ce que c'était ; des chaises, beaucoup, autant qu'ils ont pu en installer ; un pupitre avec un micro et… le cercueil.

Je n'ai vraiment pris conscience que plusieurs mois après, peut-être même une année ou deux plus tard, que Tignous était *dedans*. Enfin, le corps de Tignous. Je m'étonne encore aujourd'hui de cette absence de lucidité, je m'étonne de ne pas avoir pris conscience que le corps de Tignous était là. Il paraît que c'est normal. En même temps, quelle normalité y a-t-il dans cette scène ?

---

1. Jean-Louis Perrier : manager d'Ibrahim Maalouf et parrain de Marie.

Tout me paraît *extra-ordinaire,* j'ai l'impression de raconter une fiction.

Solal ne veut pas venir dans la grande salle des fêtes.

Nous avons longé ensemble le couloir entre notre petite salle cocon et la salle de réception. Il a passé la tête et regardé les amis dessinateurs officier autour du cercueil. Il a tout regardé, et a fait demi-tour.

Il a cinq ans, deux mois et quinze jours, il ne sait pas écrire. J'écris ses mots, j'écris pour lui, sur le cercueil. Il n'y a plus beaucoup de place parmi tous les dessins, alors j'écris sur la plaque où est gravé le nom de son papa. Personne n'a osé le faire, parce que c'est irrévérencieux, parce que c'est irrévérencieux mais classe, parce que Tignous disait que Solal était un punk, parce qu'il faut faire quelque chose d'un peu fou, parce que...

C'est tellement dur !

Sarah-Lou arrive. Digne et triste. Si triste. Si digne. Elle écrit sur le cercueil et repart.

Seules Marie et Jeanne assistent au reste de la cérémonie dans cette grande salle. Je me rappelle l'intensité avec laquelle nous nous sommes regardées pendant mon discours. Elles étaient si fortes, si belles.

Avant moi, Coco, représentante de *Charlie Hebdo,* a prononcé quelques mots.

Après moi, Christiane Taubira. Elle rappelle l'appartenance de Tignous à la petite tribu des dessinateurs judiciaires, à son art, « cet art de donner à voir », elle rappelle son « crayon magique » et sa « recherche du dessin qui porte à rire mais pas seulement ».

Elle rappelle l'essentiel : « On peut tout dessiner, y compris un prophète, parce qu'en France, pays de Voltaire et de l'irrévérence, on a le droit de se moquer de toutes les religions. » Elle salue « la jouissance vertigineuse du rire interdit » et enveloppe toutes les victimes dans un hommage magnifique.

Elle l'a rappelé aussi : « La violence de ces assassinats, la barbarie de ces crimes, l'horreur qui engourdit, qui abasourdit, reconnaissons-le, a pulvérisé notre confort quotidien et, avouons-le, notre assoupissement sur ces valeurs, que nous croyions acquises depuis le siècle des Lumières, mais dont nous avions oublié qu'elles portaient l'exigence de la vigilance. »

Elle cite une première fois Paul Eluard : « La lumière toujours est tout près de s'éteindre / [...] / Mais le printemps renaît qui n'en a pas fini. »

Elle veut que la mort des dessinateurs et journalistes de *Charlie Hebdo* ne soit pas vaine. Elle parle sans notes, évoque des dessins de Tignous qu'elle connaît. Elle est brillante, humble et forte.

J'ai envie de me reconnaître en elle. Je suis heureuse que Tignous reçoive un hommage aussi puissant, humaniste et intelligent.

Elle redéfinit les termes du combat qu'il nous reste à mener, elle redonne un sens politique à cet assassinat. Elle réaffirme qui nous sommes, avec nos valeurs et nos convictions.

Et, se mettant dans les pas des quatre millions de personnes du 11 janvier, elle conclut par cet autre vers de Paul Eluard : « Tu rêvais d'être libre et je te continue. »

Devant le cercueil constellé de dessins, le saxophoniste Ibrahim Maalouf ajoute ses notes. C'était beau et symbolique. Symboliquement beau.

L'humoriste Christophe Alévêque, accompagné de Pierre Le Bourgeois[1] au violoncelle, chante *Bella Ciao*, le chant des Partisans italiens, pour nous rappeler l'importance de l'engagement dans la lutte et que « s'ils nous ont fait mettre un genou à terre, on ne mettra pas les deux ! Sinon, on pourrait se mettre à prier » !

---

1. Pierre Le Bourgeois, mari de mon amie Mélodie, musicien et directeur musical.

12

Père-Lachaise

Dehors, toujours la foule immense.

Quand nous sortons derrière le cercueil de Tignous – qui fera, demain, la une du *New York Times* –, les enfants protégés des photos par de grands parapluies ouverts devant eux, les gens applaudissent, ils applaudissent fort. Leur soutien, leur émotion et leur tendresse sont palpables. J'aimerais être un poulpe géant et pouvoir tous les prendre dans mes bras.

Nous nous engouffrons dans la limousine et roulons en direction du Père-Lachaise.

L'arrivée est chaotique. La crémation de Georges Wolinski vient de s'achever, il y a encore beaucoup de monde dans le cimetière et plus encore qui veut y entrer pour suivre Tignous.

J'ai souhaité qu'il soit enterré pas trop loin du Mur des Fédérés. Et qu'il n'y ait pas de couronnes de fleurs, mais des œillets rouges.

Le temps est gris et venteux. Je suis heureuse de cette ambiance de tempête, j'aurais détesté qu'il fasse un beau et grand soleil... Mais à cause de ce vent, ils n'ont pas pu installer de barnum ni de chaises pour tout le monde. Marie, Jeanne et moi sommes assises au premier rang, Sarah-Lou et Solal sur les genoux. Derrière nous, Mamie Pola et tata Régine, si petites sur leurs chaises qu'on ne les voit presque pas.

Patrick Pelloux fait un très beau discours, accompagné à l'accordéon par Christian Olivier des Têtes raides. « Regardez là-haut, ce nuage rigolo, si haut, si beau, c'est votre papa qui dessine », conclut-il en s'adressant aux enfants.

Les petits craquent et se réfugient dans la limousine avec Antoine, mon Antoine[1], qui improvise une discothèque, lumières et musique à fond à l'intérieur. J'ai adoré cette image de la vie à laquelle on s'accroche coûte que coûte, de notre chagrin qui devient folie et de l'envie de commémorer en faisant la fête. Nos enfants sont vivants !

Ma cousine Karen prononce un discours émouvant.

Après elle, notre ami, l'écrivain Daniel Pennac, promet à Tignous de lui écrire son « histoire de pandas[2] ». Ma grand-mère et sa sœur Régine, un peu, et même

1. Antoine Laurent, mon petit cousin adoptif, comédien et réalisateur.

2. C'est un projet né entre Daniel Pennac et Tignous d'après la bande dessinée de Tignous *Pandas dans la brume*, sur lequel nous travaillons aujourd'hui, Daniel Pennac et moi.

très sourdes, parlent tout fort avec leur si merveilleux accent yiddish : « Mais qu'est-ce que c'est que cette histoire de pandas ? C'est qui, lui ? Pourquoi il parle de ça ? Karen, c'était formidable. Tu as entendu ? Non ! Mais Karen, elle a pas parlé des pandas, c'est sûr ! »

Les filles et moi éclatons d'un rire incontrôlable et libérateur. Grâce à ces deux merveilles, nous avons pu rire à l'enterrement de Tignous !

Nous avons pu rire avant que le cercueil ne soit mis en terre.

Avant que je ne me penche au-dessus de ce trou béant pour y jeter un œillet rouge. Puis un deuxième, de la part de Sarah-Lou, et enfin un troisième, de la part de Solal.

Avant qu'Aziz ne me retienne… de sauter dedans ? de tomber dedans ?

Avant que je ne m'écroule.

J'ai aperçu tant de gens que je n'ai pas pu embrasser, et embrassé tant de gens que je n'avais pas envie de voir. Retrouvé des amis oubliés, des amis qui n'en étaient plus…

Ils étaient tous là.

Parce que, d'un coup, chacun venait de prendre conscience que tout peut s'arrêter si vite, que nous n'avons pas le temps et qu'il faut aimer et profiter des gens tant qu'ils sont vivants.

*

Le soir, pour que nous puissions nous retrouver avec le cercle des amis les plus proches, la mairie nous avait aménagé une salle à l'image de cette journée. Il fallait entrer dans un parking, descendre la rampe d'accès réservée aux voitures et longer les boxes avant d'arriver dans un studio d'enregistrement aménagé pour l'occasion. Il y avait à manger partout, à boire beaucoup, et Michel[1] officiait au bar en préparant des cocktails, comme au bon vieux temps du Blue Lagoon et de mon enfance. Sylvie[2] faisait payer les cocktails afin de constituer une cagnotte qui serait pour les enfants.

Guillaume et Johan[3] étaient montés depuis Bourges en camion, avec tout le matériel nécessaire à l'installation d'une scène pour un bœuf géant entre Blankass, Daniel, Manu et Mali de Tryo, et les copains musiciens, Dan, Sylvain…

Ils ont joué. Nous avons chanté, crié, hurlé, pleuré.

Nous t'avons célébré, Tignous.

Nous t'avons rendu hommage, mon Tignous. Du mieux que nous avons pu.

---

1. Michel Laurent (« Tonton Michel »), ancien secrétaire général de la Fédération de Seine-Saint-Denis du PCF.
2. Sylvie Jan (« ma Sylvie »), fondatrice de « Femmes Solidaires » et « France Kurdistan ».
3. Guillaume et Johan Ledoux, fondateurs du groupe Blankass.

Père-Lachaise

Nous avons été fous, irrévérencieux, drôles, si tristes et si complètement saouls.

Dans la nuit profonde, nous sommes rentrés à pied et en zigzag. Valentin et Zozo braillaient très fort et dissertaient sur n'importe quoi, sur les pistes cyclables et ces vélos qui allaient « faire PAF » avec les voitures.

Tu aurais été très fier de nous.

13

L'enfant et le président

Le 25 janvier, c'était une autre ambiance.

Nous sommes reçus par la présidence de la République. Les familles de victimes à l'Élysée.

Je me rappelle qu'il y a aussi les policiers présents le 7 janvier, parce que l'un d'eux fait le récit de son intervention. Alors qu'il arrive devant les locaux de *Charlie Hebdo*, il *les* aperçoit qui s'enfuient et se met à tirer. Il est seul et constate qu'il ne pourra pas *les* arrêter. Il se cache. Je le trouve courageux de nous raconter tout ça.

Encore une fois, j'étais dans une voiture lorsque le chef du protocole de l'Élysée m'avait annoncé au téléphone que mes enfants ne pouvaient pas m'accompagner.

« Manuel Valls sera là ?

— Oui, madame, pourquoi ?

— Comme ça je pourrai lui faire part des problèmes de sécurité que représentent mes enfants, je pense qu'il va trouver ça comique !

— Bon, ne quittez pas. »

Quelques minutes plus tard, la cinquième puissance mondiale répondait favorablement à ma requête : « Ah, vous savez ce que vous voulez, vous, c'est bon, ils peuvent venir, nous les mettrons dans la nursery de l'Élysée. »

La nursery de l'Élysée est située de l'autre côté de la rue, dans le bâtiment d'en face. Je dois encore batailler avec le « protocole » pour qu'ils puissent rester près de moi et qu'une amie, Catherine, obtienne l'autorisation de les surveiller pendant que j'assisterai aux discours.

Sarah-Lou et Solal sont donc installés dans la salle du Conseil des ministres, attenante à la grande salle de réception où nous sommes invités.

Je ris en voyant l'huissier poser un bloc de feuilles et une boîte de crayons de couleurs devant chaque chaise alors qu'ils ne sont que deux... Il dresse la table comme pour un Conseil extraordinaire. Je sens bien que tout le monde est désorienté face à mes enfants.

Ils ont choisi leurs habits eux-mêmes.

Sarah-Lou a mis son joli ensemble jupe et gilet Petit Bateau, qu'elle trouve très chic. Elle s'est fait toute jolie et tient bon ; elle est fière, ses grands yeux me disent : « Ça va aller, maman, ne t'inquiète pas. » Mais elle est très fâchée que son frère ne veuille pas me regarder ni me faire de sourire pour une photo.

Solal a choisi une chemise. Comme son papa, il adore ça. Il a aussi mis un petit pull sans manches et a tenu, contre ma volonté, à arborer un badge « Je suis Charlie ».

Il est en colère, c'est palpable, et en même temps tout excité d'être là. C'est fou de le voir se défouler, comme le petit garçon de cinq ans qu'il est, sur le mobilier de l'Élysée, façon parcours de motricité… Je crois qu'il aurait décidé de grimper aux rideaux que personne ne lui aurait rien dit, ce jour-là.

*

La journée est longue, parce que nous avions déjà eu rendez-vous très tôt le matin à l'École militaire, où nous attendaient les autocars sécurisés qui devaient nous emmener à l'Élysée. Protocole sur protocole, sécurité, sécurité… Notre vie est folle.

J'ai briefé Solal sur le président de la République et l'Élysée. Je ne veux pas qu'il arrive et dise à François Hollande : « Tu sais, Sarkozy, mon papa y t'aime pas, c'est pour ça qu'il te dessine avec des mouches ! »

Solal sort régulièrement de la salle du Conseil des ministres et court dans l'allée qui longe la salle de réception. Il regarde, vérifie sûrement que je suis toujours là et que tout va bien, et repart. En courant. J'entends son petit pas, ce petit « tacatac » rapide, et derrière lui mon amie Catherine qui essaie de le rattraper… Je me rappelle, ça faisait « tacatacatac », suivi de « toucoutoucoutouc ».

C'est Catherine qui me rapportera les discussions avec les enfants :

« Rooh, mais arrête de me surveiller comme ça, ça va, hein !

— Tu ne peux pas courir partout comme ça tout seul, Solal !

— Ah, mais je ne suis pas tout seul, regarde le monsieur, là, il peut me surveiller, hein, il ne fait rien ! [Se trouvait effectivement dans la salle un monsieur.]

— Euh… Non… C'est pas son travail. N'est-ce pas, monsieur ? Vous faites quoi d'ailleurs, vous, ici ? »

Imaginez ce monsieur en costard gris, en position très droite, presque rigide, oreillette visible, répondre :

« Moi ? Je suis le chef de la sécurité de l'Élysée.

— Eh ben, tu vois, y peut très bien s'occuper de moi, lui, j'suis en sécurité.

— Oui, enfin, non, Solal, il n'est pas là pour ça, quand même !

— Il n'y a pas de problème, madame, je peux m'en occuper. »

Pour un peu, il aurait même fait un cache-cache avec eux, tant les enfants le bouleversaient, comme ils bouleversaient tout le monde…

Sarah-Lou a fait pleurer l'une des collaboratrices de François Hollande.

Chère Nabila, je ne peux pas changer ton prénom, sinon je ne pourrai pas raconter ce très joli moment où tu as dit à Sarah-Lou, quand tu t'es présentée à elle : « Bonjour Sarah-Lou, je m'appelle Nabila, et ça, tu vois, c'est presque pire que de travailler avec François Hollande ! »

Et tu l'as fait rire ! Merci...

Il y a une troisième enfant. La femme de Michel Renaud (assassiné dans les bureaux de *Charlie* alors qu'il venait rendre des carnets de dessins à Cabu) est venue avec leur fille. Lorsque sa mère prend la parole, elle rejoint Sarah-Lou et Solal dans la salle du Conseil des ministres. Elle demande à ma fille :

« Toi aussi, tu as choisi le cercueil de ton papa ? Nous, il est très beau ! »

Et ma Sarah-Lou de planter bien droit ses grands yeux gris dans les siens et de recadrer le débat tout en y mettant directement un terme : « Mon papa à moi, il est mort pour ses idées, et je suis fière de lui. »

C'est comme ça qu'elle fait pleurer Nabila. Et toutes celles et ceux qui se trouvent dans cette salle à cet instant.

Émus par cette petite fille de neuf ans et demi, si digne et si forte, qui venait de leur montrer qu'avoir des valeurs et des idéaux, et leur donner du sens, permet de se battre et de survivre. Elle allait le *continuer*...

Par la suite, grâce à Nabila, toute la classe de Sarah-Lou (avec Solal en *guest*) sera invitée à visiter l'Élysée. Cet épisode transforme Sarah-Lou, aux yeux de ses copains ravis de cette visite extraordinaire, en une héroïne plutôt qu'en une enfant victime impuissante. Nabila fera aussi inviter Sarah-Lou et Solal au Noël de l'Élysée. Mais, avec le recul, je ne sais pas si nous étions heureux d'être là. Nous y étions parce que nous vivions un drame, pas parce que nous avions de la chance...

Les discours sont longs et assez plaintifs. Les enfants commencent à avoir faim, Fleur Pellerin fait ouvrir le buffet rien que pour eux. C'est le chef de l'Élysée, meilleur ouvrier de France, qui l'a réalisé. Il leur présente très gentiment les différents plats. Solal conclut, intransigeant : « Il est nul ton buffet, y a pas d'chips ! »

Merci, monsieur, d'avoir eu la tendresse de revenir quelques minutes plus tard avec des chips !

Quant à Sarah-Lou, j'ai l'impression de voir son père. Elle tourbillonne autour du buffet, s'excuse pour se faufiler et attraper un petit four au fond – « Pas celui-là, l'autre, merci ! » – et tout goûter. Tignous faisait ça. Il tournait, étudiait, goûtait, puis nous apportait ce qu'il avait trouvé de meilleur et se régalait avec nous. Je la regarde faire et je la vois rendre hommage à son papa. Comme il aurait été fier, comme il aurait ri de la voir à l'œuvre ! Comme je retiens mes larmes…

*

Puis est venu le moment où François Hollande a salué individuellement toutes les familles. Je tiens mes enfants par la main, Sarah-Lou à ma gauche et Solal à ma droite.

Le président se retourne, j'esquisse un pas vers lui et commence : « Bonjour, je suis… », mais il me coupe la parole : « Bonjour Chloé, je sais qui vous êtes », et me prend dans ses bras. Il est bouleversé, profondément ému à cet instant.

La suite avec lui ne sera que déception. Mais là, le moment est intense.

Solal, qui sait très bien qui il est, le regarde avec un air de défi et lui demande : « T'es qui, toi ? Tu t'appelles comment ? »

Très humblement, François Hollande lui répond : « Heu… Je suis le président, je m'appelle François. »

Solal (qui a eu une nounou sénégalo-malienne et plein de petits copains d'origine africaine) « tchipe », comme pour dire : tu as bien fait de répondre correctement et de ne pas m'embrouiller parce que je connaissais la réponse ! Dans les sociétés africaines, le tchip est une succion buccale très vulgaire, une véritable insulte. Solal le sait.

Il me lâche la main, saisit et tend mon majeur, et se met à le remuer sous les yeux de François Hollande. Il chantonne sur l'air de *lalalalaire* : « Ma mère, elle te fait des doigts d'honneur, ma mère, elle te fait des doigts d'honneur », puis il repart en courant.

François Hollande me regarde, je crois qu'il a envie de rire... En tout cas, moi, oui ! Mais il est impossible de le faire dans ce contexte.

Notre fils vient de faire ce que j'ai en réalité très envie de faire au fond de moi, dire merde à toute cette mascarade !

Et quelle mascarade. Ils sont tous là. Ministres, représentants des associations de victimes, du Fonds de garantie, ils nous promettent tous de s'occuper de nous, que tout ira bien, en nous tenant les mains et nous regardant droit dans les yeux.

À leur place, aujourd'hui, je ne dormirais pas bien, la honte m'en empêcherait.

Solal a trouvé qu'il était drôlement bien logé, le nouveau président, et qu'il y avait quand même beaucoup de doré dans ce palais.

14

Autopsie

En février 2015, nous nous échappons à la campagne, dans la maison de mon papa. Pour la première fois, je rêve de Tignous vivant. C'est un songe triste, fantomatique, mutilé.

Nous sommes à un dîner et il s'assoit sans me garder de place à côté de lui. Moi, j'insiste pour me retrouver à ses côtés, je veux lui parler, le mettre en garde contre ce qui va arriver, le prévenir pour qu'il sache, qu'il puisse changer le cours de l'histoire.

Mais Tignous rit.

Il m'enveloppe de ses bras, il est tellement grand à côté de moi. Il m'enveloppe tendrement et me dit, en prenant mon visage entre ses mains comme il l'avait fait quand nous nous étions rencontrés : « On peut rien faire, Chloé, c'est comme ça, ça va arriver, alors assieds-toi et profitons de cette soirée. »

Mais je ne veux pas me résigner, je suis tellement fâchée contre lui… et je me réveille. J'essaye de me rendormir pour le retrouver. Je n'y arrive pas.

Il est parti et mon lit est terriblement grand, froid et vide.

*

Comment est-il mort ?

A-t-il eu le temps de penser à nous ?
A-t-il eu peur ?
A-t-il dit quelque chose ?
A-t-il souffert ?
Combien de balles ?
Et où ?

« Si tu meurs, je te tue ! »
Je lui répétais cela souvent.
Tignous ne peut pas être mort.
Tignous était trop vivant pour mourir.

Combien de balles ?
Et où ?

Ces questions m'obsèdent.
Je sais qu'il est mort sur le coup.
Le médecin légiste de l'IML me l'a confirmé, n'est-ce pas suffisant ?
Mais, après avoir récupéré ses affaires et vu le sang dessus, mon imagination s'est mise à créer des images terribles, insoutenables et très envahissantes.

Je m'endors, je me réveille avec ces cauchemars en continu, qui m'éreintent.

J'ai demandé à Patrick Pelloux de me raconter ce qu'il a vu dans la salle de rédaction. Il passe un soir à la maison. Nous nous installons dans le jardin, il fait doux, dans mon souvenir. Je lui promets que je ne pleurerai pas, je veux savoir.

Je me souviens, quand les larmes montent tout de même, de les ravaler parce que Solal veut sortir faire de la balançoire, pas loin de nous.

Pendant toutes ces années, les enfants ont asséché mes larmes. Sarah-Lou me disait : « Mais tu sais, maman, tu peux pleurer avec nous. » Je ne le pouvais pas.

Peut-être que, pour les autoriser à pleurer, à pleurer vraiment à leur tour, il fallait que j'ouvre cette brèche dans notre mur de protection. J'avais peur, si je commençais à pleurer, de ne plus jamais pouvoir m'arrêter…

Je crois que nous ne buvons rien. J'ai sûrement oublié de lui proposer. Et Patrick ne me demande rien, concentré sur son récit.

Il me raconte d'une voix blanche ce qu'il a vu, un récit médical, précis.

Tignous est sur le ventre, recroquevillé en chien de fusil. Déjà mort quand il arrive.

« Mais tu l'as retourné ? Tu as vérifié ? Tu l'as regardé ?

— Non. Parce que autour de Tignous la mare de sang était tellement importante qu'il était mort, c'était une évidence. »

Je me suis portée partie civile pour cette unique raison : avoir accès au rapport d'autopsie. Le procès ne m'intéresse pas. *Ils* sont morts et nous n'apprendrons rien, il n'y a rien dans le dossier. Même leur cavale ne m'a pas intéressée. Tignous était mort et qu'on les retrouve ou non, morts ou vifs, ne changerait rien à notre réalité.

Mon avocat – je l'ai choisi, celui-là –, maître Antoine Comte, qui gère le dossier pénal, ne veut pas, pour me protéger, que je lise le rapport d'autopsie ni que je voie les photos. Il l'a donc lu pour moi et me le résume.

Tignous a été abattu d'une balle dans la tête.
Entrée derrière l'oreille gauche.
Tignous a été abattu à bout portant.
À moins de 10 centimètres.
Une seule et unique balle.
Tignous a donc été exécuté.

Son poignet présentait une blessure que les médecins légistes ne savent pas expliquer. Les a-t-il vus

arriver ? Ont-ils tiré une première fois et la balle a-t-elle éraflé son poignet alors qu'il se protégeait ?
Personne n'est capable de me l'expliquer.

Je continue toujours à m'inventer des images terrifiantes, mais maintenant… je sais.

Antoine a souri avant de conclure :
« Tu vois, tout ce qu'on a raconté sur le fait qu'ils étaient morts en héros, le crayon à la main et tout ça ? Eh bien, c'est beau, parce que Tignous, lui, avait vraiment son feutre à la main ! Il ne l'a pas lâché ! C'est écrit noir sur blanc dans le rapport. Et ça, tu pourras le raconter. Tignous, lui, est vraiment mort son feutre à la main. »

Je crois que j'ai voulu écrire ce livre en grande partie pour vous raconter cette histoire.
J'étouffais d'être la seule à savoir comment Tignous est mort.
Maintenant que je vous l'ai dit, cette histoire ne m'appartient plus, nous la partageons.

Et qui sait, maintenant, je pourrai oublier un peu…

15

Au 36

Je vais au 36, quai des Orfèvres avec Marie, pour récupérer tes affaires. J'ai souvenir d'un lieu immense, une sorte de ruche sombre. Nous montons tout en haut, par un vieil escalier en bois dont les marches craquaient.

Sous les combles, nous entrons dans une pièce exiguë en soupente. Absolument pas adaptée pour recevoir des gens. Le policier qui nous accueille s'est glissé comme il a pu derrière son bureau, en diagonale contre le mur de la pièce triangulaire, et il fait au mieux, nous invitant à prendre place sur deux chaises le long du mur, à quelques centimètres de lui.

Trois imposants sacs en kraft, comme ceux dans lesquels les boulangers transportent les baguettes, sont posés près de lui. Sur chaque sac, je lis la même étiquette : « Récupérés sur le corps sans vie de M. Bernard Verlhac. »

Nous sommes là, assises sur nos chaises, bien droites et dignes, hochant de la tête pour tout commentaire de ses explications et montrer que nous comprenons. Nous sommes là sans être là, et le policier aussi voudrait bien être ailleurs. Il y a quelque chose d'irréel dans cette scène.

Pendant qu'il nous explique la procédure, je n'arrive pas à détacher mon regard de ces étiquettes.

« Récupérés sur le corps sans vie de M. Bernard Verlhac. »

Et si je fuyais, si je m'en allais en courant, est-ce que tout cela disparaîtrait ?

Et puis, le policier commence à sortir les affaires des sacs. Une à une. Tout est bien référencé et emballé séparément dans des pochettes plastique. On dirait des sacs de congélation.

Il extrait chaque objet, nous le montre, le décrit, puis le consigne. Ils ont été nettoyés mais restent poisseux, collants, et sentent le désinfectant. Les images cauchemardesques me reviennent par vagues, avec violence, impossibles à contenir.

Tes bagues… Tes bracelets… tes quatre bracelets, un pour chaque enfant…

Je raconte à Marie cette histoire qui t'était arrivée en dédicace. En plus de tes quatre bracelets et de ton alliance, tu portais une bague à chaque majeur. Et quelqu'un t'a fait une réflexion sur tes bijoux, leur signification et je ne sais plus quoi.

Disserter sur le sujet te gonflait, tu étais trop pudique pour ça. Avec ton petit sourire de sale gosse qui va faire une bêtise, tu l'as regardé et lui as répondu : « Ouais, une paire de couilles (en joignant tes deux majeurs bagués l'un à côté de l'autre), une femme (en montrant ton alliance) et quatre enfants (en montrant les bracelets). Une autre question ? »

Le policier sort ta veste en cuir, tes lunettes, tes chaussures, tes chaussettes et ton caleçon.

Ce jour-là, tu portais celui que les enfants t'avaient offert.

Celui où il est écrit : « Papa, t'es le plus fort. »

Mais, putain, pourquoi tu le portais ce jour-là ?

Pourquoi celui-là...

Ils n'ont pas pu me restituer ton jean ni ta chemise.

Trop de sang.

Ton porte-monnaie avec un peu de sous dedans, et un billet de cinq euros.

Dans une grande enveloppe format A4, des tas de petits papiers en vrac sur lesquels tu dessinais un croquis pour te rappeler une idée, des tickets de métro, des pense-bêtes, des tickets de caisse, des mots d'amour griffonnés au hasard du support, des emballages brillants de bonbons, des cartes de visite écornées...

Et ton cure-dents.

Avec Marie, dans ce petit bureau asphyxiant, nous éclatons de rire. Nous avons ton cure-dents, nous sommes sauvées !

Ce petit cure-dents et son fourreau tout en inox chirurgical que tu adorais. J'étais si heureuse de te l'avoir trouvé. J'en avais eu assez que tu te nettoies les dents avec des tickets de métro, des morceaux de paquets de cigarettes, de carton ou tout ce qui te tombait sous la main.

Nous rions pour ne pas pleurer, nous rions de l'absurdité de cette situation, nous rions de toutes ces choses dérisoires, de nous, de la vie, de cette vie qui est désormais la nôtre, parce que nous sommes là, au 36, quai des Orfèvres, pour récupérer les affaires du « corps sans vie de M. Bernard Verlhac », le papa de Marie, mon amoureux, et que la vie est une sacrée salope !

*

J'ai posé ces sacs dans le placard de l'entrée.

J'ai mis longtemps à les ouvrir, et surtout les vider.

Le jour où enfin je les déballe, notre chatte Rosa se frotte à moi.

Il y a du sang séché. Des marques sombres, dures et sèches sur tes chaussures. Sur ton caleçon, sur ton porte-monnaie, et même sur ce billet de cinq euros à l'intérieur.

Je m'en souviens parce que ce billet de cinq euros, je ne peux pas le jeter, on ne jette pas de l'argent. Je ne peux pas le garder non plus.

On s'attache à des petites choses dans ces moments-là, pour ne pas perdre pied.

Je le donne finalement à mon père et lui demande de le dépenser, un jour. Avec, nous achetons une baguette lumineuse au Cirque d'hiver pendant le spectacle de fin d'année du Cirque Bouglione, où nous avions l'habitude d'emmener les enfants et où nous sommes allés cet hiver 2015, malgré tout, malgré l'horreur.

Je jette ton porte-monnaie, tes chaussures et tes chaussettes.

Sur ton caleçon s'est incrusté un petit morceau de quelque chose… c'est dur et blanc. Un frisson me parcourt. Je me dis que c'est peut-être un éclat d'os. Je me suis vue faire pendant cette scène, extérieure à mon corps, absente de moi.

Je l'ai rangé dans une petite boîte à bijoux. J'ai lavé ton caleçon et je l'ai mis à côté de celui que tu portais le jour de notre mariage et sur lequel tu m'avais fait la surprise d'écrire des mots d'amour et de dessiner plein de cœurs.

Il m'a fallu attendre 2018 pour vider et trier l'enveloppe de tout ton petit bazar.

Tout se passe toujours comme ça.

Une étincelle, à un moment, sans raison, et je décide de ranger.

Il y a eu comme ça tes affaires dans la salle de bains, tes vêtements, tes chaussures, l'intérieur de tes poches...

Mais je n'ai pas encore enlevé de notre penderie tes vestes et tes manteaux, ni tes écharpes et tes foulards.

Je n'ai résilié ta ligne de téléphone portable qu'à l'été 2019.

Mais ta sacoche, elle, n'était pas dans ces grands sacs kraft.

Ça a été un véritable calvaire pour la retrouver. Au cœur de l'horreur.

16

La sacoche

À la PJ, ils n'avaient pas ta sacoche.

À l'IML de Paris, ils n'avaient pas non plus ta sacoche.

Et moi, je voulais récupérer ta sacoche.

J'ai harcelé mon avocat pour qu'il la retrouve.

Où était-elle ?

Ta belle sacoche Montblanc était la cinquième ou sixième que je t'offrais, parce que tu y mettais tellement de papiers, de trucs et de machins, qu'aucune ne tenait le coup très longtemps. Cette manie de transporter ton bureau au bout du bras t'avait valu une belle tendinite à l'épaule, mais qu'importe !

Celle-là, tu l'aimais parce qu'elle était belle, certes, mais aussi solide.

Des dessins, ton portefeuille, ton parapluie… Mais ce que je veux absolument récupérer, c'est le plus précieux de son contenu : ta palette d'aquarelles et tes pinceaux.

Il faut que je te rassemble, c'est devenu une obsession.

Je ne supporte pas qu'il y ait des petits bouts de toi partout, je dois tout réunir.

Maître Antoine Comte finit par la retrouver. Elle est restée dans les locaux du journal, comme pièce à conviction.

J'ai finalement pu pénétrer dans les locaux de la rédaction des semaines après, six mois après, exactement, lorsque, enfin, ils ont eu fini l'enquête et qu'une société spécialisée a achevé de tout nettoyer, d'enlever tout ce sang.

Les proches des victimes sont autorisés à récupérer leurs « derniers effets ».

Mon amie Mélodie m'accompagne ce jour-là. Nous avons rendez-vous avec Patrick Pelloux, qui est en retard. C'est long de l'attendre en bas de l'immeuble, de voir cette porte et son digicode, d'imaginer tout ce qui s'est joué à cet endroit…

Nous sommes accueillis par le grand sourire de la femme d'Éric Portheault, le directeur financier de *Charlie Hebdo*. Elle porte un chemisier vaporeux jaune, très jaune, et des sandales avec des perles ou je ne sais plus quelles breloques qui leur donnent un air estival.

Mélodie et moi sommes emmitouflées dans notre chagrin. Nous sommes choquées par cet accueil coloré et gai, tellement décalé. Sans tomber dans le cliché de la veuve en deuil, nous n'allions pas visiter un club de vacances !

J'ai peu de souvenirs des couloirs et de la topographie des lieux, mais je me rappelle que nous nous arrêtons aux toilettes avant d'entrer dans les bureaux de *Charlie* et que nous laissons sortir notre colère, nous râlons comme deux sales gosses qui s'enferment pour dire des gros mots.

Comme la mémoire est étrange…

Et puis, il faut y aller.

C'est la première fois que j'entre et que je vois ces bureaux.

Dans une salle au fond, un huissier nous attend avec toutes les affaires récupérées sur les lieux et un grand carton.

Elle est là.

Ta sacoche.

Il y a peu de papiers dedans. Comme elle est légère…

J'ai tout de suite imaginé ce qui c'était passé.

Tu as dû la déposer comme à ton habitude au pied de ta chaise avec tout un tas de feuilles, de dessins et de journaux qui en dégueulaient. Comme toujours.

Et quand les secours sont arrivés, qu'ils ont poussé les tables et enjambé les corps, ils ont shooté dans ta sacoche… et les feuilles se sont répandues sur le sol ensanglanté.

Dedans, il y a toujours le petit parapluie que tu aimais tant et ta palette d'aquarelles. Ta palette d'aquarelles…

C'est bien ta sacoche. Je signe.

« Merci, monsieur l'huissier.

— Il y a aussi des affaires éparpillées que nous avons rassemblées dans ce carton, si vous voulez regarder. »

J'y trouve l'étui à stylos qui allait avec ton autre belle sacoche, mais que tu avais dépareillé pour le mettre dans celle-là.

« Vous êtes sûre que c'est à lui ? »

Je ris. Évidement que je suis sûre ! Je ne vais tout de même pas piquer les affaires d'un autre mort ! Est-ce à propos de dire à cet instant que l'humour est la politesse du désespoir ?

Ensuite, je peux visiter les locaux.

Je fais le chemin comme *ils*, tes assassins, l'ont fait avant moi.

La sacoche est encore lourde, finalement, mais je ne veux pas la lâcher, je la tiens bien serrée contre ma poitrine, jusqu'à ce que mes muscles soient tétanisés.

Patrick nous attend et nous guide dans la rédaction vide – vidée de ses âmes.

La petite salle à gauche avec la machine à café, où tu as fait un bisou à « Sigo[1] », qui préparait le café ce matin-là.

La porte… La porte ouverte devant laquelle était assis et a été abattu Georges (Wolinski).

La salle de rédaction.

Sans fenêtre, sans autre issue, ovale, et toi au bout à gauche.

À l'endroit où tu es tombé, le lino a été découpé. Les équipes de nettoyage n'ont pas pu enlever le sang, tout ce sang… Je regarde maintenant cette absence, cette béance, jusqu'à plonger dedans.

Dans les tables et les murs demeurent quelques traces d'impacts.

Comme les trous sont gros… Je constate les dégâts sur les matériaux, alors sur les corps…

C'est insoutenable. Mais je serre bien fort ta sacoche. C'est ma lampe magique, tu es un petit peu dedans… et moi, je ne vais pas te lâcher et je vais nous emmener loin d'ici, nous ramener chez nous.

---

1. Sigolène Vinson : chroniqueuse judiciaire de *Charlie Hebdo*, épargnée par les tueurs.

17

Tatouée

Dans la famille, le tatouage est synonyme de souffrance.

J'avais trois ans quand j'ai demandé à ma grand-mère qui lui avait fait ça sur le bras.

Elle m'a répondu que c'étaient des gens méchants.

Plus tard, quand j'ai grandi, petit à petit, elle m'a raconté.

D'autres gens « méchants » allaient faire irruption dans ma vie.

Qu'est-ce qu'ils allaient inscrire sur mon bras à moi ?

Tatouée.

Fin janvier 2015. Un **T.** entouré d'un cadre.

C'est ainsi que Tignous signait quand il ne signait pas de son nom entier.

Je lui disais souvent : « Je t'ai dans la peau. »

Cette fois, ce n'est plus une image.

Je me le suis fait tatouer à l'intérieur de l'avant-bras gauche.

Au même endroit que les tatouages de mes grands-parents.

Parce que, quand l'Histoire fait mal, elle s'inscrit à cet endroit.

Le tatouage comme symbole extérieur de la souffrance, de cette souffrance qui, même si elle ne s'exprime pas, se voit.

Afficher cette douleur sans avoir besoin de mots.

Sans sentimentalisme, sans aucune volonté ornementale, le dessin qui fait mal, gravé, martelé dans la peau et qui la blesse.

J'aurais voulu avoir mal. Vraiment mal.

Encore plus mal.

J'aurais voulu que ça saigne beaucoup.

Camille, mon tatoueur, ne m'a pas posé de questions.

C'est Marie qui me l'a présenté.

Il lui avait déjà fait un adorable petit dessin et avait tatoué Valentin à plusieurs reprises. Elle s'est aussi fait tatouer un T., mais elle n'a pas choisi le même que moi.

Nous n'avons pas parlé, ou très peu, c'était émouvant et tendre, mais terriblement triste.

« Tu rêvais d'être libre et je te continue. »

Cette phrase de Paul Eluard, mon poète préféré, citée par Christiane Taubira à l'enterrement de Tignous.

Tatouée. Seconde fois. Le jour des dix ans de Sarah-Lou en juin 2015, le premier anniversaire sans Tignous, sur le biceps gauche avec au bout **quatre petits cœurs**. Un pour chaque enfant. Parce que *je te continue*... avec eux.

« Au revoir, Camille, on ne se reverra plus. »

Il a hoché la tête, sceptique.

Évidemment, nous nous sommes revus.

Évidemment, le processus enclenché était un processus de scarification qui serait le récit de mon chagrin et de ma résilience.

Et j'allais raconter cette histoire sur le bras gauche, celui où mes grands-parents avaient été tatoués dans les camps de la mort.

Le bras du cœur.

Du côté de la main avec laquelle Tignous dessinait.

Février 2016. Une **hirondelle**.

Tatouée. Encore. En haut de l'avant-bras gauche, sous la pliure du coude.

L'hirondelle symbolise, dans l'Égypte antique, le lien entre le royaume des morts et le monde des vivants. Et puis, j'aime les hirondelles... même si celle-ci n'apportera pas le printemps.

Le même jour. Un **phénix**.

Tatouée. Sur la face externe de l'avant-bras gauche, au-dessus du poignet. Le phénix renaît de ses cendres, moi aussi.

Ce jour-là encore. Le signe de **l'infini**, comme mon chagrin, infini, sur la face interne de l'avant-bras, pas très loin du **T.**

Septembre 2016. Un **<4**.

Tatouée. Avec Mélodie, au même endroit, au-dessus du coude gauche.

Pourquoi ? C'est l'histoire d'un amour qui permet de voir plus loin, de s'ouvrir à d'autres univers et de garder les yeux ouverts sur le monde. Une longue histoire…

C'est Mélodie qui l'a dessiné. Elle me parlait souvent des « signes » qu'il faut savoir interpréter, mais je n'étais pas réceptive à cette philosophie. Jusqu'au jour où, au quatrième étage d'un immeuble où nous nous trouvions, j'ai ressenti pour la première fois la puissance de ce qu'elle me disait et surtout à quel point, que l'on y croie ou non, cela fait du bien !

Octobre 2016. Deux mains qui se rejoignent pour former un **cœur avec les doigts**.

Tatouée. Avec Marie, sur la face externe de l'avant-bras gauche, en dessous du coude.

Celui que Tignous nous faisait depuis la porte, quand il partait.

Celui qu'il m'a fait la dernière fois que je l'ai vu, le mercredi 7 janvier 2015.

Nous avions traversé tant d'épreuves ensemble, Marie et moi, vécu dans notre chair l'assassinat de Tignous, il fallait que nous inscrivions aussi l'amour, ensemble.

Mars 2017. Une **boxeuse**.

Tatouée. Sur l'épaule gauche, gants en l'air, mi pin-up, mi championne. Quand j'ai découvert la boxe, j'ai eu l'impression d'avoir trouvé le sport qui me correspondait, mais aussi celui qui allait m'apprendre à lâcher prise, à encaisser, à accepter la douleur pour revenir encore plus forte.

J'aime dire qu'elle me ressemble, cette boxeuse, que c'est moi.

Fin août 2017. Un **lotus au-dessus d'un œil**.

Tatouée. Pour la dernière fois. Sur l'avant-bras gauche, juste au-dessus du poignet.

Le lotus, c'est la paix, le Vietnam où nous nous sommes réfugiés un an après, un cocon. L'œil, c'est Tignous qui veille sur moi, ce sont les signes que j'aime interpréter aujourd'hui comme autant d'indices de sa présence toujours à mes côtés. De son amour bienveillant qui me rend forte.

J'ai gravé une histoire, mon histoire.

Celle qui m'a vue mourir et renaître à la vie.

18

Cœur cassé

Ça vient d'un seul coup.

De violents battements de tambour dans tout le corps. Mon bras gauche qui s'agite tout seul sous les pulsations de mon cœur qui bat fort, trop fort. J'ai le doigt sur l'appel d'urgence de mon téléphone.

Crise de tachycardie, très sévère.

Un mauvais cardiologue. Des médicaments qui me font du mal. Je les arrête. J'abandonne ou, plus exactement, je ne m'en occupe plus. Je ne m'intéresse pas.

Et puis, la prise de conscience. Je dois faire attention à moi. « On n'a plus que toi, maman. »

Un autre cardiologue. Il m'examine. Il m'écoute. « On vous a brisé le cœur, alors maintenant il est cassé, il a mal et il le fait savoir. Mais le muscle cardiaque va bien. »

Je suis une métaphore vivante.

19

Ce qui m'arrive

Peu à peu, je me découvre autre.

De nouveaux sentiments me submergent, je lutte contre tant que je peux et comme je peux.

À la fin de cette première année sans Tignous, j'en ai dressé la liste. À sa relecture, j'ai le vertige.

Une fatigue permanente. Je ne dors plus. Ou mal. Mon sommeil n'est pas réparateur. Je me réveille tous les matins, soulagée de sortir de l'horreur de mes cauchemars.

Le chagrin. Abyssal.

L'impossibilité de me déplacer en transports en commun et de voyager seule.

La solitude.

Le désarroi.

La peur. De tout.

L'angoisse d'une intrusion dans la maison.

Les crises de panique lorsque j'entends des sirènes hurler et des bruits secs qui claquent.

La colère.

Le manque de compassion.

Un désintérêt pour ce qui se passe en dehors d'ici, dans le monde et au bout de ma rue.

Les disputes avec mes proches nées de l'incompréhension de ce que je vis. Dégâts collatéraux…

Les crises d'angoisse.

L'effroi devant les dates d'anniversaire et symboliques.

La médiatisation abrutissante et, aussi, mes rapports épuisants avec l'administration.

Enfin, le fait d'être la « veuve de » et la peur de ne pas être à la hauteur.

Durant mes premières nuits d'insomnie, je suis terrorisée à l'idée que quelqu'un vienne casser les vitres de ton bureau et y mette le feu, que tous tes dessins brûlent. Alors je fais installer un rideau métallique. Tu aurais détesté, ce n'est pas « esthétique », je sais… Et puis, une alarme contre les incendies. Puis une autre, contre les intrusions. Et, finalement, j'en ai fait installer dans toute la maison.

Je dors avec une machette à côté de mon lit.

20

Pestiférée

Je me le suis répété en boucle, la première année : « L'attentat de *Charlie Hebdo* est un attentat politique. » *Ils* ne se sont pas attaqués à des immeubles de bureaux, à un centre commercial, ni à des églises, mais à la rédaction d'un journal, à des créateurs de symboles et de provocations, à l'esprit libre, athée et contestataire.

Avec les attentats du Bataclan et des terrasses du 13 novembre 2015, *ils* ciblaient un mode de vie. Cette fois, les assassins ont tué une masse de gens pacifistes et épicuriens, pour instaurer un climat de tension et de haine dans la société. Là, nous avons basculé dans la peur.

J'ai finalement décidé de rester à Montreuil, dans le pavillon que s'était choisi Tignous, où l'on s'est aimés follement, où ses enfants grandissent.

Au fil des mois, après l'attentat, j'ai réalisé combien les dessinateurs de *Charlie Hebdo* pouvaient encore déranger. Même morts.

J'ai pu en prendre la mesure dès décembre 2015. J'étais invitée par le libraire Olivier Bourdon sur son stand, à l'occasion du marché de Noël des Caves de la Mignonne, à Sancerre, pour une séance de dédicace. Mais, sous la pression de la préfète du Cher, du capitaine de gendarmerie de Sancerre et, dans la foulée, de l'association des parents d'élèves de Sury-en-Vaux et Verdigny, organisatrice du Marché de Noël, il a dû renoncer à ma venue, après s'être battu pendant des jours. Les parents d'élèves avaient menacé, s'il la maintenait, de boycotter le salon... Ma présence n'était pas souhaitée sur le stand qu'il y tenait et où il était prévu que je vienne depuis des semaines. C'était insoluble pour lui et les autres exposants. Invitation « provocatrice » et potentiellement « trop dangereuse », très compliquée à surveiller.

J'y ai vu, moi, l'illustration parfaite de la double peine.

Heureusement, toutes les librairies ne subissent pas ce genre de pression. La Librairie de la Renaissance, à Toulouse, avait organisé un débat avec Patrick Pelloux et moi, peu de temps avant. Lors de la discussion, je m'étais ouverte de l'annulation sancerroise. Il était hors de question qu'on ne vienne pas, et qu'on leur laisse le terrain. L'histoire a rapidement été relayée par un correspondant de l'AFP, qui assistait par hasard à cette réunion-dédicace sur son temps de congé.

Elle a circulé à la vitesse de l'éclair sur les sites web des grands médias. Même Gala.fr s'en est ému, c'est dire ! François Morel sur France Inter en a fait une chronique forte et magnifique[1].

*

« Si j'avais su que ça irait jusque-là, je vous aurais laissée venir ! grommelait le maire de Sancerre.

— Vous voyez, monsieur Pabiot, que je suis dangereuse, bien plus que vous ne le pensiez... »

Si le maire de Sancerre a pu me parler directement, c'est que je me suis trouvé un beau soutien moral dans sa ville. Apprenant mes déboires, mon ami le vigneron Alphonse Mellot a immédiatement proposé d'accueillir la séance de dédicaces dans ses caves, et a ainsi transformé ce triste événement en un moment plein d'humanité, d'amitié et de tendresse.

Du vin et des dessins.

J'ai finalement dédicacé à Sancerre, à quelques centaines de mètres du marché de Noël, avec

1. Podcast « Chloé Verlhac, veuve de Tignous, n'ira pas à Sancerre », France Inter, 4 décembre 2015.

Hélène Honoré que j'avais invitée et embarquée dans cette aventure.

Olivier avait apporté des centaines de livres de la librairie. Tous vendus. Les gens sont allés écumer les librairies alentour pour en trouver et j'ai fini par dédicacer des cartons que les moins chanceux glisseraient dans les exemplaires qu'ils ont dû commander !

Des amis musiciens sont venus jouer pour faire patienter les quelque cinq cent personnes qui se regroupaient à l'entrée. Certaines, touchées par cette histoire, n'avaient pas hésité à avaler des centaines de kilomètres pour témoigner de leur solidarité. Grâce à Alphonse, nous avons pu en faire un acte de résistance et donner une belle leçon de démocratie aux institutionnels locaux...

Face à toutes ces intimidations et à tous ces reculs répétés ces dernières années, Tignous disait : « Si on a peur, ils ont gagné. »

Alors, nous n'avons pas eu peur.

21

Big Bang

Quand j'étais petite j'allais à la « Fête à la vignette ». C'était la Fête de l'Humanité mais, comme il fallait une vignette pour entrer, je l'appelais la Fête à la vignette.

Plus tard, j'ai travaillé comme scripte et assistante vidéo pour mon papa[1], qui réalisait le film et les photos de l'espace Collectivités, sorte de salon organisé pour mettre en contact grosses entreprises et collectivités locales et territoriales, qui a lieu dans l'enceinte de la Fête de l'Huma. C'était en 1996, on ne travaillait pas en numérique mais avec des grosses Betacam[2] et des câbles partout.

Tignous, lui, dessinait en direct, ses dessins projetés sur grand écran, pendant les débats qui y étaient organisés.

---

1. Michel Zoladz, dit Zozo : professeur de photographie aux Arts décoratifs de Paris, photographe et réalisateur.

2. Format d'enregistrement vidéo sur bande magnétique (cassette type VHS).

Je le connaissais de réputation, je lisais *Charlie Hebdo*…

Vous vous rappelez la première phrase que vous avez échangée avec votre amoureux(se) ?

Moi, oui.

Je suivais mon cameraman et le câble, en me faisant la plus petite possible. Quand je suis passée à côté de Tignous, il m'a interpellée.

« Psst, dis, camionneur, ça prend un ou deux *n* ? »

C'était presque romantique…

J'aimais dire que je ne lui ai jamais répondu pour qu'on ne divorce pas. Il s'est par la suite beaucoup amélioré en grammaire et en orthographe grâce aux corrections pédagogiques de ma maman !

C'était un débat sur l'urbanisme dans les villes.

À la vue de l'un de ses dessins, je n'ai pas pu me retenir de rire.

Il représentait Jean-Marie Le Pen, habillé en SS, arborant une croix gammée sur son brassard, levant le bras bien haut, et qui disait : « Construisez des stades, construisez des stades, on en aura besoin ! »

Après le débat, j'ai parlé de ce dessin avec mon père, qui m'avait entendue rire. Il connaissait Tignous depuis quelques années déjà.

« Mais va le voir et dis-lui que tu as aimé son dessin.
— Ah non, je n'ose pas !
— Mais si, vas-y, il est sympa, ce gars-là. »

Et je suis allée le voir.

« Bonjour Tignous, excuse-moi, c'était juste pour te dire que ton dessin avec Le Pen et les stades, il était excellent, j'ai adoré !
— Ah, merci ! Je te l'aurais bien donné, mais c'est Gégé qui les a tous pris. Attends, je vais te le refaire. »
Sur un coin de table, Tignous le redessine et me le dédicace : « Pour Chloé ! Bisous. Tignous. »

Qu'est-ce que j'étais fière !
Nous nous sommes revus tous les ans à la *Fête à la vignette*.

*

À partir de 1998, l'étudiante en Arts du spectacle que j'étais a beaucoup déménagé, et ça le faisait rire de rayer chaque année mon adresse dans son répertoire pour y noter la nouvelle.
« Tu vois le bordel que tu fous ! »

Et puis, il y a eu 2002.
Nous étions arrivés très tôt, avec l'équipe vidéo, et notre installation était finie. Je prenais un café au bar de l'espace Collectivités.

Tignous est entré et s'est dirigé d'un pas très décidé vers moi.

Il m'a apostrophée d'un « Bonjour Chlo-é ! », en articulant curieusement.

Effet immédiat. Comme dans une pub pour déodorant, quand la fille lâche ses dossiers, qu'ils se baissent tous les deux pour les ramasser et que leurs regards se croisent.

Tout se passe au ralenti, musique à la con et phéromones en folie.

La théorie du Big Bang pour nous seuls.

Une décharge électrique… le coup de foudre, voilà !

Un coup de foudre. Au sens littéral du terme.

Traversés par l'électricité.

Il m'a avoué des années après qu'il avait noté mon prénom sur un petit bout de papier. Juste avant d'arriver, il l'avait sorti de sa poche et n'arrêtait pas de le déplier et de le regarder pour bien s'en souvenir !

Tignous avait un vrai problème avec les prénoms.

Souvent, d'ailleurs, il ne me présentait pas aux gens que nous croisions puisqu'il ne se rappelait pas comment ils s'appelaient…

Cette année 2002, il n'a que mon prénom en tête. Cette fois, il n'a pas mangé avec le gratin des personnalités au restaurant de l'Espace, mais avec moi sous la tente des équipes techniques. Nous ne nous lâchions pas du regard.

Le lendemain, nous avons volé des petits fours au buffet d'ouverture de l'Espace et traversé toute la Fête pour les apporter à son copain Antoine[1], sur le stand de la ville de Montreuil.

Nous avions passé cette journée ensemble, et passerions les suivantes sans nous quitter.

Le dimanche soir, fin de la fête, Zozo et moi avons raccompagné Tignous à Montreuil, en haut de sa rue.

Je suis descendue pour lui dire au revoir et, derrière le haut coffre de l'Espace Renault de mon père qui nous cachait, il m'a pris le visage entre ses mains, m'a regardée droit dans les yeux et m'a dit : « Tu es une petite merveille, toi. »

Je suis rentrée à Nantes, où j'habitais et travaillais avec une compagnie de théâtre de rue, mais je savais que nous allions nous revoir en novembre pour le vernissage de l'exposition de Zozo[2], qui avait photographié Tignous quelques mois auparavant, parmi d'autres artistes.

---

1. Antoine Maesano : adjoint à la mairie de Montreuil, qui nous mariera en 2007.

2. « Portraits d'artistes », à la Biennale d'art contemporain de Bourges, en 2002.

Nous sommes restés en contact téléphonique et rendez-vous fut pris en gare de Bourges, où il devait venir me chercher.

*

Le jour J, j'étais tellement fébrile, mon cœur battait la chamade.

Mais je me suis vite calmée… Il n'était pas là !

Acte manqué, Tignous s'était fait embarquer pour une exposition à l'autre bout de la ville.

Je l'ai attendu. Quand il est arrivé à la gare, il était accompagné de fans locaux. Nous nous trouvions comme deux idiots. Nous avons pu nous extraire de ce groupe un peu trop collant à notre goût en leur promettant de les retrouver au vernissage, et nous sommes allés boire un verre.

Deux adolescents.

Tignous, la main sur la mienne, me dévorait des yeux.

Nous nous racontions des banalités en nous souriant.

Il était allé chez le coiffeur, c'était un désastre, on aurait cru un militaire en permission. Il avait failli, de fait, ne pas venir.

Mon père n'arrêtait pas de me téléphoner : « Mais vous faites quoi, putain, on vous attend, ici ! »

Nous nous sommes tenu la main entre le bar et la salle d'exposition, timides et un peu maladroits, et sommes arrivés très en retard.

Autour du buffet et des gens, nous tournions en nous cherchant des yeux.

On avait quinze ans.

Le soir, la belle brochette d'artistes dormait chez mon père. Soirée festive, arrosée et joyeuse.

C'est sous le dessin qu'il m'avait dédicacé six ans auparavant et que j'avais encadré dans ma chambre que nous nous sommes embrassés pour la première fois.

Je l'ai renvoyé dans sa chambre.

Je suis retournée à Nantes.

Nous ne nous sommes pas donné de nouvelles.

Deux semaines plus tard, j'étais revenue à Paris.

Et il m'a téléphoné une semaine après.

« Je suis à Paris. Je suis rentrée. J'habite chez ma mère en attendant de trouver un appartement, vu qu'il y a un locataire dans le mien.

— On se voit quand ?

— Demain ? Tu passes me chercher ? »

Quand il est arrivé, j'étais assise par terre devant la porte des toilettes. J'avais déjà trop bu, j'avais mauvaise haleine après avoir vomi, et j'avais peur.

Je dodelinais de la tête en répétant : « Non, je veux pas y aller, je veux pas y aller… »

Pendant que ma copine Anaïs me coachait pour me remettre sur pieds, ma mère et son mari, Yves, lui servaient un apéritif pour qu'il patiente.

Tout le monde était sur le pont !

Nous sommes allés dîner dans un restaurant thaïlandais très chouette du 20e où l'on s'assoit en tailleur devant des tables installées sur de grandes estrades.

Tignous était grand et pas très souple, et moi, en jupe… L'installation fut épique, j'en ris encore !

Nous nous sommes fait gronder par la patronne comme deux gamins parce que nous étions arrivés plus tard que prévu, elle nous a punis en nous privant d'entrées, « trop tard » ! Ça nous a fait rire, on allait passer au plat directement ; de toute façon, ce n'était pas très important…

Nous ne nous sommes plus quittés.

22

En fusion

Toutes ces années, j'ai adoré être « la femme de Tignous ».

Tignous et Chloé. Une entité.

On nous a souvent décrits comme un couple fusionnel, ce qui est assez juste. C'était une relation passionnelle, parfois fatigante… surtout pour les autres !

Par bien des aspects, j'avais le sentiment de vivre à côté d'un menhir. Tignous était fiable, fidèle, solide et profondément terrien. Mais c'était aussi un authentique gamin.

C'était le mec le plus bonhomme de la terre, qui avait un don pour rendre exaltantes les petites choses de la vie. Vivre avec lui, c'était conjuguer le plaisir et le rire au quotidien.

Sa bienveillance s'entendait dans son sourire.

C'est la seule personne que j'aie entendue sourire…

Mais le portrait ne serait pas complet si je n'ajoutais pas qu'il pouvait se comporter comme un gros con, exigeant, d'une mauvaise foi légendaire, tout le temps débordé, tout le temps en retard. À la table familiale, c'était lui le patriarche, il s'imposait comme un papa attentif et fou amoureux de ses enfants, mais… ils avaient intérêt à l'écouter !

Le personnage public différait sensiblement de celui du privé. Tignous était le seul *papa* à avoir des enfants en bas âge parmi les dessinateurs de *Charlie Hebdo*. Avec tous les aléas que ça comporte… Ils n'ont pas toujours été très compréhensifs, et qu'est-ce qu'ils ont pu se moquer de lui !

Dans un petit film tourné lors de leur installation dans les locaux de la rue Nicolas-Appert, et que l'équipe télé m'a gentiment donné, on assiste à une réunion de rédaction où l'un des sujets est le tourisme sexuel avec les enfants. Puisqu'il est question d'enfants, on entend alors autour de la table : « Tignous est volontaire. » Puis Charb, provocateur, lance : « On a un seul représentant, Tignous, c'est le président des parents d'élèves », puis : « Tignous donne un côté très réunion FCPE » et enfin : « C'est le seul parent qui ne regrette pas. » Ce à quoi Tignous répond : « En effet, mais je suis heureux d'être celui-là. »

Notre fille est née un jeudi. En 2005, le jeudi matin, il y avait réunion de rédaction. Ce matin-là, Tignous, encore à la maison, était sur le départ. J'ai commencé à perdre les eaux. Quand j'ai appelé la maternité, j'ai demandé à la sage-femme si on pouvait attendre le soir :

« Il y a réunion de rédac'...

— Pardon ? Venez immédiatement ! »

Et me voilà penaude devant le bureau de Tignous, me tordant les doigts et bafouillant...

« J'ai appelé la maternité et il faudrait...

— Oh non, putain, pas aujourd'hui ! »

Mon amoureux paniqué, parce qu'ils allaient lui dire : « Ah ouais, t'as encore trouvé une bonne excuse pour ne pas venir ! »

En 2005, Liliane Roudière[1] était encore là. Aussi, pour la naissance de Sarah-Lou, avons-nous reçu une jolie corbeille de fruits avec un petit nounours. Elle a quitté le journal en 2008.

Pour Solal, né en 2009, nous n'avons rien reçu. Pas de corbeille de fruits, pas de nounours, pas même de petits mots, pas de félicitations, rien.

Tignous n'a jamais pu parler de ses enfants malades, ni de la première année terrible que nous avons passée à l'hôpital avec notre petite fille. Je ne compte pas les fois où il m'a laissée seule avec elle, avec eux, à la maison ou aux urgences, fou d'inquiétude et dévasté de devoir nous abandonner

---

1. Liliane Roudière, attachée de presse de *Charlie Hebdo* de 1998 à 2008.

pour aller au journal. Jamais il n'a pu trouver de compréhension auprès de *Charlie* quant à sa vie de papa. Et ça lui faisait mal. Alors, comme un mauvais élève qui cache son désarroi derrière des pitreries, Tignous inventait, quand la situation était trop grave et qu'il devait rester auprès d'un de ses enfants, des pannes de chaudière, des décès, ou je ne sais quoi encore. Ne pas parler pour ne pas être touché. À *Charlie*, le papa a dû s'effacer derrière le dessinateur et cette dissociation forcée l'a toujours profondément blessé.

Au début de notre histoire, je l'accompagnais partout dans ses périples, invitations à l'étranger, séances de dédicaces et festivals. Ces moments que nous passions ensemble étaient précieux, ils n'appartenaient qu'à nous.

Et puis, avec les enfants, mon travail, j'ai commencé à sélectionner les endroits où j'allais avec lui, mais c'était toujours avec le même plaisir et la même intensité partagés.

Je lui avais promis de venir à la troisième édition du Festival international du dessin satirique de l'Estaque, à Marseille, où il s'était régalé et qu'il voulait me faire goûter comme un bon plat.

J'ai tenu ma promesse.

J'y suis allée.

Sans lui.

C'était en septembre 2015.

J'y ai rencontré le dessinateur Philippe Moine.

Nous avions déjà dû nous croiser dans des festivals, mais n'avions jamais été présentés et ne nous connaissions pas.

Il est venu à ma rencontre, les yeux pleins de larmes.

« Dois-je te raconter cela ? Je ne sais pas. Mais je vais le faire quand même... »

Il avait aperçu Tignous, qu'il connaissait de vue et de renom, au Festival de la caricature et du dessin de presse de Castelnaudary, en novembre 2014.

Il avait été gêné par la présence d'une petite groupie très amoureuse qui papillonnait autour de Tignous. Autour d'un Tignous qui semblait très heureux et amoureux aussi.

Et ça le mettait mal à l'aise, Moine, de voir ça, parce qu'il savait que Tignous était marié, et *a priori* heureux de l'être... Mais personne ne semblait s'émouvoir de cette petite groupie, aussi avait-il gardé cela pour lui.

En janvier 2015, il a découvert que la petite groupie papillonnant... c'était moi.

C'est beau, douze ans après, de passer pour la groupie de son mari !

23

Les premières fois sans toi

« Non, ne reprends pas la pilule. »

Tignous était d'un romantisme torride. Qu'il fallait savoir décrypter. C'est avec cette petite phrase qu'il m'a dit qu'il avait envie nous ayons un enfant.

Il était déjà père de deux grandes filles, et j'ignorais jusqu'à cette petite phrase s'il souhaitait avoir d'autres enfants. Je ne m'étais pas posé la question au début de notre vie en commun. Nous avions une histoire d'amour à vivre. Nous verrions bien par la suite.

Et puis, nous avons eu envie que quelqu'un témoigne de cette histoire d'amour, que quelqu'un nous survive et la raconte.

Sarah-Lou est née en juin 2005.

Solal, en octobre 2009.

Nous les faisions tellement bien, notre tribu était tellement belle, que j'en voulais encore un. Tignous, moins… « Ça fait dix-sept ans que je vais à la maternelle, je voudrais bien passer en primaire. »

Mais, à force de le travailler au corps, si j'ose dire, je pense qu'il aurait fini par céder. Par amour, par envie aussi, parce qu'il était fou de ses enfants, de ses quatre magnifiques enfants, et que, dans l'absolu, un cinquième ne l'effarouchait pas.

Sauf qu'après le 7 janvier 2015 il n'y aurait pas de dernier enfant. Tout comme il n'y aurait plus de petits gestes ni de grandes décisions prises avec toi. Mais que des premières fois sans toi.

Dormir sans toi, mon amour, cette nuit du 7 janvier.

Nous avons dormi tous les trois, les enfants et moi, jusqu'aux vacances de février, pendant lesquelles nous sommes partis à la campagne chez mon père, où les enfants se sont tout naturellement réinstallés dans leur chambre.

J'étais donc seule dans mon lit. Pour la première fois.

Mais ce n'était pas notre lit ni notre chambre.

Nous ne venions pas assez souvent ensemble, Tignous n'avait pas assez de temps, trop de travail, c'est souvent pour le laisser travailler et respirer un peu que je descendais avec les enfants à la campagne, sans lui.

En mars, quand nous sommes remontés à Paris, j'ai programmé les travaux.

Transformer notre chambre en *ma* chambre.

J'ai refait les peintures et mis des couleurs au lieu du blanc. Recouvert le carrelage d'un parquet en chêne et enlevé le tapis de ta mère.

Échangé nos étagères en caisses à pommes, ce magnifique style Louis Caisses qui t'avait valu une mention à la sortie de l'école Boulle, contre des commodes et une armoire.

Et mis aux encombrants notre lit, notre matelas, donné nos draps et nos rideaux…

J'ai dû enlever tes affaires des étagères et les ranger…

Les ranger dans des valises pour un voyage dont tu ne reviendrais pas.

Cette pièce, ma chambre, est devenue un lieu refuge, une sorte de *safe room* où me réfugier quand ton absence me faisait suffoquer.

Et puis, le premier matin sans toi.

Évidemment, tu n'étais pas dans la cuisine ni dans ton bureau, où j'ai eu envie d'aller te chercher.

Il était 8 ou 9 heures, et les enfants m'ont demandé s'ils pouvaient manger des M&M's.

Jamais ils n'avaient fait ça.

En même temps, tu n'étais jamais mort avant…

J'ai eu comme un flash.

Tout allait se jouer là.

Si je cédais, si je disais « oui », tout l'équilibre que nous avions mis en place, notre éducation, les règles, tout volerait en éclats et leur monde s'écroulerait.

J'ai froncé les sourcils et pris un air autoritaire : « Ce n'est parce que papa est mort qu'on peut bouffer des M&M's au petit déjeuner ! N'importe quoi ! »

J'allais tenir le coup, maintenant, ils le savaient, ils pourraient compter sur moi.

Moi… Je venais de survivre au premier matin.

La première Saint-Valentin sans toi.

C'est con, cette fête commerciale, mais comme c'est douloureux d'entendre cet hymne aux amoureux martelé partout quand on vient d'assassiner le vôtre…

Durant nos premières vacances sans toi, nous sommes partis à la campagne, chez mon père. Je n'étais pas en état de conduire, il était donc venu nous chercher. Soirée mémorable à Bourges, chez nos amis Hélène et Guillaume[1]. Pour la première fois depuis… je mangeais et buvais. C'était bon, mais trop lourd pour mon estomac, qui n'avait pas vu autant de nourriture depuis… J'ai bu parce que c'était bon, j'ai bu parce que j'étais si triste, j'ai bu pour me noyer et… j'ai été malade comme jamais dans ma vie. J'ai vomi mon chagrin, ma haine et ma peur. J'aurais voulu me vider jusqu'à disparaître.

1. Guillaume Ledoux, chanteur de Blankass, et sa femme Hélène, créatrice du festival Humour et Vin de Bourges.

Pendant les vacances de Pâques, nous sommes partis avec Caro[1] et ses filles sur la Côte d'Azur. Elle avait posé des vacances, pour partir avec nous, rien que pour nous. Nous sommes entourés, aimés, choyés, c'est bon, mais tu n'es pas là. Nous avons même fêté les cinq ans et demi de Solal. Avec gâteau et cadeaux. J'inventais des fêtes...

Mais pas de chasse aux œufs cette année, tu n'étais pas là pour les cacher.

En juin, Sarah-Lou, ta petite princesse, a eu dix ans. J'ai organisé une très grosse fête, avec beaucoup de nos amis, dans le bar de Pascal[2], qui a fermé depuis.

Elle était heureuse. C'était une belle fête. Mais c'était tellement triste.

Je crois que, ce jour-là, j'ai eu envie de mourir, encore plus que les autres jours. Ça n'avait pas de sens de fêter ça sans toi.

En août, c'est Jeanne qui a eu dix-huit ans. Je lui ai offert le permis de conduire, comme nous l'avions fait pour les dix-huit ans de Marie. Nous avons fêté ça à la Villa 9-3.

Elle était heureuse. C'était une belle fête. Mais c'était tellement triste.

---

1. Caroline Laurent, mon amie, ma « cousine », ma famille de cœur...

2. Le Van Day Bar, pour lequel Tignous a dessiné des tee-shirts, auquel il a offert des dessins... et où il a bu quelques verres !

Entre les deux, la fête de l'école, avec tous les parents, mamans et papas... Trop de papas.

Cet été 2015, nous sommes allés en Corse, comme tous les ans depuis la naissance de Solal, mais sans toi.

Tu étais partout. Le vide laissé par ton absence emplissait tout l'espace. Même le totem posé dans l'espace fleuri à côté de notre chambre, que tu avais dessiné et que tu retouchais tous les ans, avait disparu. Volé le jour de ton assassinat.

J'ai été très malade, j'ai eu beaucoup de fièvre.

Il y avait le soleil, mais tu n'étais pas là, il brûlait la peau.

Rien n'avait de goût. Un été sans été.

Jeanne avait eu le bac avec mention.

En septembre, elle allait entrer en prépa à l'école Estienne.

Solal en CP.

Sarah-Lou en CM2.

Marie avait travaillé pour le Festival de Cannes et allait continuer son master à l'université.

Leur première rentrée sans toi.

Tu ne serais pas là pour les voir.

Tu allais, nous le savions maintenant, nous manquer à chaque instant et pour chacun de ces moments qui jalonnent nos vies, nos réussites, nos fiertés et nos échecs.

Pour le dernier anniversaire de Sarah-Lou que nous avions fêté ensemble, ses neuf ans, tu avais organisé une chasse au trésor. Pour les six ans de Solal, en octobre, je ne me sentais pas capable de faire pareil, alors j'ai fait venir un clown à la maison. Depuis, nous organisons toujours un événement à l'extérieur pour les anniversaires.

Impossible de fêter Noël à la maison. Je ne supportais plus d'être ici, je rêvais de déménager, et moi qui avais tant aimé retrouver notre maison, je ne souhaitais plus y rentrer.

Nous sommes partis tous ensemble, Solange et Yves, Marie et Valentin, Jeanne, Sarah-Lou, Solal, Éric et Jean-Baptiste, à la campagne chez Zozo. Nous réunir, nous tenir chaud… Nous avons beaucoup mangé et chanté, et je crois que j'ai beaucoup bu.

Un an bientôt… Un an allait s'être écoulé. Nous en aurions enfin fini avec toutes les premières fois sans toi.

Je ne voulais pas être là pour les commémorations. Nous sommes partis le 28 décembre 2015 au Vietnam et nous ne sommes rentrés que le 22 janvier 2016.

Le Vietnam, c'était le dernier grand voyage que nous avions fait ensemble, à Pâques 2014. Ne manquait que Marie, qui était en stage et ne pouvait pas nous accompagner.

Nous étions allés voir ton ami Sylvain et sa femme Van Anh, qui habitent à Hanoï.

Tu sais, Tignous, le jour de ton enterrement, j'ai aperçu Sylvain dans la foule, il a fait l'aller et retour pour toi, pour être près de toi, discret et fidèle. Je n'ai pas réussi à le voir, après, au milieu de tous ces gens… mais nous nous sommes retrouvés un an plus tard.

Ce voyage a été très difficile et en même temps magnifique. Nous avons vu tant de jolies choses. Mais comment en profiter sans toi ?

C'était tellement injuste. Je voulais partager mes plats avec toi, que tu puisses te régaler. Sentir les fleurs et les odeurs, profiter des chambres d'hôtel et des petits déjeuners gargantuesques, sourire aux gens et regarder les enfants s'émerveiller…

Que c'était douloureux de retourner dans des endroits où nous étions ensemble à peine deux ans plus tôt, mais j'avais besoin que nous partions, de voyager pour montrer aux enfants que le monde est beau et les gens qui le peuplent merveilleux. Qu'il n'y a pas que des connards sanguinaires.

Depuis, nous sommes allés en Floride, en Martinique, en Afrique du Sud, en Israël, en Angleterre, en Tunisie, au Mexique, en Côte d'Ivoire…

En Afrique du Sud, nous avons visité le musée de l'Apartheid et Robben Island, le lieu de détention de Mandela. Ce furent deux moments très intenses. Solal a eu une réflexion magnifique sur le fait que des gens étaient assassinés pour leurs idées partout dans le monde et depuis longtemps. Rester à l'écoute, continuer à s'émerveiller, être curieux, encore capables de se laisser surprendre et transporter. Grâce à ces voyages ils ne sont pas devenus haineux, ce sont des enfants aimants et pleins d'empathie. Quelle victoire ! Quelle lutte, aussi.

Parce que je m'endors encore souvent avec cette phrase : « Mon mari a été assassiné. »

Elle me paraît toujours aussi absurde et irréelle.

*

Parfois, nous nous sommes retrouvés, toi et moi, la nuit, dans mes rêves et mes cauchemars.

Me réveiller était le pire cauchemar.

Tu m'avais dit, puisque tu étais plus âgé que moi, que si la vie était bien faite tu partirais avant moi. Quelle ironie.

Tu m'avais fait promettre de ne pas rester seule et d'être heureuse.

Je te jure que je m'y emploie.

Mais après les premières fois sans toi, il y a la vie sans toi…

Et même si je suis douée pour le bonheur, comme me l'a dit ma maman quand j'étais plus jeune, quel défi que de le reconstruire…

24

Victimes entre nous

Veuve, c'est un curieux statut social.

Un curieux mot aussi, qui ne colle pas vraiment avec l'époque.

Je n'avais jamais rencontré Maryse Wolinski, sa fille Elsa, son ex-gendre Arnaud Champremier-Trigano, ni Hélène, la fille d'Honoré, ni les autres.

Peut-être nous étions-nous croisés lors des très rares fêtes du journal. Mais nous ne nous connaissions pas. *Charlie Hebdo* n'était pas une grande famille. Tignous, lui, avait une famille.

Nous ne pouvions pas faire partie de l'association des Amis de Charlie, mais ils nous avaient fait comprendre par l'intermédiaire de maître Thévenet – qui d'ailleurs servait d'intermédiaire au sens propre du terme, puisqu'il fut pendant un temps notre seul interlocuteur – qu'il serait utile que nous montions une association. Pour agir en notre nom, nous, les familles de victimes.

Je suis assez heureuse du nom que j'avais trouvé, les « V.A.C.H.E.S » (Victimes des Attentats de Charlie Hebdo et Survivants).

Nous avons été reçus au secrétariat d'État aux victimes.

Je pensais naïvement qu'on allait nous demander comment nous allions et faire un point sur notre situation. Quelle naïveté !

Autour d'une grande table, de jeunes hommes et femmes bien éduqués.

Ils nous ont audités.

« D'après vous, quelles erreurs ne devrions-nous pas refaire en cas de nouvel attentat ? »

Sans déconner ?

Et à qui j'envoie ma facture pour cette séance de consulting ?

J'ai été tellement blessée, meurtrie.

On ne nous aidait pas. On nous détruisait, à petit feu, de tous les côtés.

À quel moment avaient-ils oublié qui nous étions ?

Comment pouvaient-ils faire preuve de si peu d'humanité ?

Il m'aura fallu de longues séances avec ma psychologue pour évacuer cette souffrance ressentie face à ces bureaucrates tout gris sans humanité.

Il y a aussi tous ces gens qui m'ont raconté comment ils avaient appris l'attentat de *Charlie Hebdo* et à quel point cela les avait dévastés.

Oui, oui, ils ont beaucoup souffert, c'était atroce.

En me regardant bien dans les yeux, moi…

Moi qui ne cille pas, qui comprends et qui les console.

Voilà. Je suis là, au milieu. Je suis seule.

Tignous, comment on va survivre à ça ?

Mon amour, comment je fais sans toi, moi, face à eux ?

*

Cinq ans après, VACHES n'existe plus.

J'en ai organisé, des goûters, des dîners chez moi, mais il n'y a pas eu de retour.

Nos chagrins sont différents, nos problématiques aussi. Le statut de victime n'est pas une fraternité obligatoire.

Avec Maryse et Hélène, nous avons appris à nous connaître, nous sommes devenues amies et nous arrivons à prendre le temps de nous voir.

« Ah, si nous nous étions connus avant, je pense que nous aurions bien rigolé, tous les quatre [Georges, Tignous, Maryse et moi] ! » Oh oui, Maryse !

Nous sommes liées, un lien indicible et profond.

Mais, d'une manière générale, le malheur n'est pas fédérateur.

25

Pupille

Des tonnes de photocopies. Des dossiers, des chemises, des couleurs pour chacune, trier, organiser… Nous sommes entrés dans une folie administrative sans fin. Et le téléphone qui sonnait sans cesse. J'ai toujours 23 000 e-mails non consultés, et j'ai été forcée d'acheter un nouveau téléphone de 128 Go, dans lequel je découvre encore des messages reçus en 2015 et jamais lus.

Il a fallu faire des dossiers pour ceci, des dossiers pour cela, retrouver des papiers, des justificatifs, chercher dans le bureau de Tignous, et c'était si dur d'y être seule. En fait, je n'y arrivais pas. Pendant des mois, j'ai dû être accompagnée pour pouvoir rester dans son bureau. Mon salon ressemblait à une annexe de papeterie, un bureau de campagne électoral, un secrétariat de ministre…

Remplir des dossiers et cocher la case « veuve ». Longtemps, je n'ai pas pu m'y résoudre. Encore aujourd'hui, cette case provoque en moi un mélange explosif de colère et de chagrin. Je ne comprends pas ce que je lis, cela me paraît insensé.

Parmi ces dossiers, il y a eu ceux adressés par l'Onac[1] après que les enfants ont été reconnus « pupilles de la nation ».

Celui de mon fils m'est revenu : la photo d'identité n'était pas au bon format.

C'est assez symptomatique de ce que nous avons vécu en permanence. Le manque total d'humanité d'une administration qui coche des cases et s'accommode de normes.

Cinq ans que nous vivons un drame inédit, *extra-ordinaire* ; cinq ans que personne ne sait dans quelle case nous mettre. Cinq ans à entendre que ma situation est unique et mon dossier compliqué.

J'ai renvoyé le dossier de Solal avec un post-it : « Si nous vous faisons parvenir ce dossier, c'est que nous venons de vivre un drame. Merci donc de prendre une paire de ciseaux et de retailler la photo. »

Et quelques semaines plus tard, j'ai reçu sa carte de « pupille de la nation ». Ils s'étaient finalement donné la peine de retailler la photo.

Était-ce donc bien la peine de nous faire vivre ça ? Pour une carte qui, soit dit en passant, ne sert à rien puisqu'elle n'est jamais à présenter nulle part…

---

1. Office national des anciens combattants.

Depuis cinq ans, l'Onac envoie le dossier « Demande de bourse » entre le 15 et le 30 juillet, avec un retour exigé avant la fin août. En plein été, au cas où nous essaierions d'être un peu heureux et de partir pour nous éloigner de notre quotidien…

Pendant un an, nous avons été pris en charge à 100 % par la Sécurité sociale. Un an. Ensuite, nous sommes censés être « guéris ».

En réalité, c'est juste après que tout commence…

26

Moyennement Charlie

Depuis des années, le journal accumulait les difficultés. Manque de lecteurs, menaces, et un combat contre « l'islamisme » qui n'était pas le combat de tous dans la rédaction, et pas forcément celui de Tignous, en tout cas pas de manière obsessionnelle. Ça créait pas mal de tensions en interne.

« Mais quitte ce journal !

— On ne quitte pas un navire qui prend l'eau », me répondait Tignous, qui y travaillait depuis 1992, l'année de la relance du titre.

Vu de l'extérieur, c'était un petit bonheur de presse, une bande de chouettes copains qui se tapaient sur le ventre.

Le journal vivait en fait de l'image extravagante et provocatrice, celle de Cavanna et du professeur Choron, de sa période faste des années 70. C'était au siècle dernier. Si le parfum était tenace, on lisait de moins en moins *Charlie Hebdo*. Il ne fallait pas tomber sous la ligne des 30 000 lecteurs, sinon, c'était le début du naufrage.

Luz a dessiné une très belle biographie retraçant ses années à *Charlie Hebdo*[1], que j'ai adorée. Il raconte bien l'état d'esprit particulier des dessinateurs, mais il est comme nous tous, il a préféré se concentrer sur une partie plaisante – et disparue corps et âmes – de ce journal. La réalité financière et humaine de *Charlie Hebdo* est bien différente de la fable que l'on s'est tous racontée dans l'immense chagrin qui nous accablait.

Tout cela, je l'ai vite compris, aux lendemains du 7 janvier.

Si le journal recevait tant de soutien et faisait l'objet de tant de solidarité, c'était parce que des dessinateurs étaient morts pour lui. Mon souci principal était de savoir comment allaient exister les morts, ceux qui avaient payé de leur vie cette survie accordée au journal, mais il n'y en avait que pour les rescapés et la continuité du journal.

Un journal indépendant comme celui-là, qui perd régulièrement ses lecteurs depuis des années, a aujourd'hui une directrice des ressources humaines… À partir du 7 janvier, nos seuls interlocuteurs à *Charlie Hebdo* sont le comptable (devenu

---

1. Luz, *Indélébiles*, Futuropolis, 2018.

« directeur financier ») et cette nouvelle DRH. En décembre 2015, c'est elle qui envoie un e-mail, à quinze jours du premier anniversaire que nous redoutions tant : *Charlie Hebdo* souhaite rendre hommage à ses chers disparus. Les ayant-droits de Cabu, Charb, Honoré, Tignous et Wolinski recevront 10 000 euros chacun, en échange des dessins publiés.

Après réception de ce message, je leur ai demandé, si « chacun » des enfants ayant-droits de Tignous allait percevoir cette somme de 10 000 euros. Évidemment, non... Mais je suis une éternelle optimiste...

À ma seconde question – est-ce que, en tant que dépositaire du droit moral de l'artiste, je pourrais avoir un droit de regard sur leur choix ? –, j'ai été renvoyée dans mes cordes. Un e-mail de réponse comme celui qui m'a été fait confirmait qu'il ne fallait plus rien attendre de solidaire de la part de la nouvelle direction de *Charlie Hebdo* :

« Comme tu le sais, Riss et Gérard[1] sont responsables du choix éditorial. Et ceux qui font le journal chaque semaine participent à la mise en valeur des pages. La sélection des dessins et extraits de textes, telle que formulée dans les messages précédents, considérait aussi l'avis de la rédaction. » Et de

1. Gérard Biard, rédacteur en chef, en vacances à Londres le 7 janvier.

confirmer les modalités : « Le contrat est une lettre accord qui reprend mot pour mot l'e-mail envoyé. Un versement de 10 000 euros pour chacun des auteurs, soit 10 000 euros pour la parution des dessins de Cabu, 10 000 euros pour la parution des dessins de Wolinski, 10 000 euros pour la parution des dessins de Charb, 10 000 euros pour la parution des dessins de Tignous, 10 000 euros pour la parution des dessins d'Honoré, et ce uniquement pour l'édition du 6 janvier. »

Je prends acte de la réponse, et j'apprécie tout particulièrement le rappel de l'offre unique pour l'édition du 6 janvier, au cas où je poserais la question d'une prochaine fois.

Riss, Gérard Biard et « les autres » se chargeraient de trier, sans respect du droit moral dévolu à chaque artiste, à chaque dessinateur. Et je devais accepter ce que Riss, en tant que dessinateur, n'aurait sûrement pas accepté…

*

Au début de l'été 2015, la conception de *L'Annuel 2015* avait déjà laissé entrevoir la générosité de la nouvelle équipe de *Charlie Hebdo*. Maryse, Hélène et moi nous étions réjouies, dans un premier temps, parce que leur proposition faisait miroiter une reconnaissance de l'existence des victimes *Charlie* (c'est-à-dire les victimes dont le journal doit s'occuper). Cela nous semblait être une avancée importante.

Nous pensions qu'ils auraient dû faire un *Annuel* hommage aux dessinateurs décédés avec seulement leurs dessins, sans associer d'autres dessinateurs.

L'avis de la direction divergeait sur ce point. *L'Annuel* devait représenter symboliquement pour eux le *Charlie* de cette année 2015 dans son ensemble (c'est-à-dire les morts et les blessés graves). Mais c'est la première fois qu'ils reconnaissaient et écrivaient qu'ils nous associaient à l'élaboration d'un ouvrage hommage et ne pouvaient pas réaliser de bénéfices à notre détriment.

Voici l'e-mail que nous avons envoyé suite à leur proposition de contrat, nous soumettant le même contrat que « d'habitude », à savoir 0,01 % des droits :

> Nous savons tous, hélas, que ce qui mettra en valeur *L'Annuel 2015*, c'est l'assassinat de cinq des dessinateurs historiques de *Charlie*.
>
> Aussi attendons-nous dans ce contexte tragique que les Éditions des Échappées se montrent exemplaires quant au traitement des dessinateurs décédés et de leurs familles. Et que, de ce fait, elles renoncent à dégager des bénéfices au détriment des dessinateurs morts.

Même si nous nous félicitons que soient mis en place des cahiers spéciaux pour chaque dessinateur et que les droits d'auteur soient devenus forfaitaires (évitant ainsi aux familles de blessants calculs pour mesurer la place qui est donnée à leur proche disparu), nous attendons de votre part la reconnaissance réelle du caractère exceptionnel de cette situation.

Personne ne comprendrait que la tragique disparition de ces dessinateurs serve de publicité à *L'Annuel* et que, dans le même temps, le traitement financier consenti à leurs familles soit fixé comme si l'événement n'avait pas eu lieu.

Bien à vous,

Hélène Honoré, Chloé Verlhac et Maryse Wolinski.

Après des dizaines d'e-mails échangés, épuisées et dépitées, nous avons accepté leur généreuse proposition de… 1 % des droits.

En première page de *L'Annuel 2015*, « Tout est pardonné », il est écrit : « Une partie des bénéfices de cet ouvrage sera reversée aux blessés et aux familles des disparus du journal. »

Les gens auront sans doute pensé, en achetant cet « ouvrage », faire un geste à leurs « amis disparus », comme les nomme Riss dans sa préface…

*

Depuis des mois, de la « direction » réelle, c'est-à-dire Riss et Gérard Biard, nous n'avions pas de nouvelles. Rien sur l'avancée de nos droits, la réflexion sur l'avenir de *Charlie Hebdo* et le travail de mémoire de ceux qui avaient payé au prix fort leur liberté d'expression.

Un second point m'indignait particulièrement au fil des mois : leur peu de souci des enfants des morts. À quel moment seraient-ils pris en compte, concrètement, financièrement, humainement ? Pour quoi faire ? Ils n'existaient pas. Rayés de la liste.

Pourtant, dans une note envoyée par le conseiller de la direction, Christophe Thévenet, le 11 mars 2015, en réponse à notre désir de faire partie de l'Association des amis de Charlie, il était bien question de prendre en compte financièrement les enfants des victimes des attentats des 7 et 9 janvier :

« Il n'est pas davantage possible d'envisager que les bénéficiaires des dons soient membres du bureau des Amis de Charlie : on ne peut être ordonnateur et payeur, et ce serait s'exposer inutilement, en faisant de surcroît planer un doute sur l'indépendance des décisions à prendre, ce qui n'est pas envisageable. Il ne s'agira pas *a priori* de décisions individuelles, mais d'adopter des règles de répartition qui devront plus particulièrement s'attacher à la constitution de rentes d'éducation pour environ une dizaine d'enfants. »

Je ne faisais que demander ce qui avait été promis. Mais, de cette rente, il ne sera plus jamais question. Tout comme la réversion des profits du numéro des survivants aux familles de victimes. Une générosité prononcée sous le coup de l'émotion qui, une fois cette dernière passée, a vite disparu, et sur laquelle il y aura par la suite un black-out total.

En apparence, tout semble normal, mais depuis le 7 janvier rien ne l'est, et surtout pas à *Charlie Hebdo* ! Ils n'ont jamais présenté leurs condoléances, ni à moi ni aux enfants. Je n'ai reçu qu'un seul et unique e-mail comminatoire de Riss, exigeant ma signature pour le contrat de *L'Annuel*, et qui se termine par cette petite phrase : « Ce livre n'a été facile à faire pour personne et il serait regrettable qu'il ne puisse pas voir le jour. »

Manière de me dire : « Compatis et regarde ailleurs » ?

En janvier, j'avais demandé à Gérard Biard, dans les locaux de *Libé*, s'il pourrait, quand ils auraient de nouveaux bureaux, accueillir mes enfants. Simplement pour leur expliquer le travail de leur papa, le faire exister encore au sein de ce journal pour lequel il était mort ; lui rendre hommage tout simplement.

Qu'il ne soit pas mort pour rien… J'attends toujours son appel.

Je ne peux m'empêcher de comparer avec l'autre hebdomadaire pour lequel Tignous travaillait. Il avait été repéré par Jean-François Kahn à *L'Événement du jeudi* et l'avait suivi à *Marianne*. L'hebdomadaire, sans rien dire, m'a payé le salaire de Tignous pendant cinq mois après sa mort. Toute la rédaction a organisé spontanément une collecte pour les enfants et moi, et offert une reproduction de la une du 7 janvier, un magnifique dessin de Tignous, qu'ils avaient agrandi et signé collectivement. Mieux, ils ont invité mes enfants pour leur montrer et leur expliquer où et comment leur papa travaillait. Discrètement, ils m'ont aussi été d'un soutien sans faille dans le travail éditorial que j'avais entrepris autour de l'œuvre de Tignous.

*

Dans les semaines qui ont suivi les assassinats, les événements se sont juxtaposés jusqu'à nous donner le tournis.

Tout le monde devait reprendre ses esprits. À commencer par Riss, nouveau directeur de la rédaction, blessé à l'épaule.

On pouvait encore entendre ce genre d'arguments, que l'on opposait à nos interrogations : « Nous devons d'abord penser à sortir un journal tous les mercredis. Il faut aussi régler des problèmes fiscaux, puisque par exemple les dons sont taxés à 60 %. Les dons iront aux familles des victimes. Le produit des ventes ira dans la caisse du journal. Il servira aussi à créer une fondation, notamment pour enseigner la liberté d'expression à l'école. » Telles étaient les explications de l'avocat Christophe Thévenet, conseiller des actionnaires de *Charlie Hebdo*, c'est-à-dire, à ce moment-là, les parents de Charb (40 % des parts), de Laurent Sourisseau *alias* Riss (40 %) et d'Éric Portheault dit « Porto » (20 %).

Ils jouaient sur du velours : parler argent dans ces moments, ce n'était pas convenable ; réclamer une réflexion pour que tous ceux qui avaient été assassinés ne soient pas oubliés, ce n'était pas l'heure. Nous étions de vilaines veuves et orphelines casse-pieds, qui se mêlaient de tout.

Grâce aux ventes et aux dons, le journal a réalisé près de 30 millions d'euros de chiffre d'affaires, dont une marge brute de 12 millions d'euros. Le fameux numéro 1178 du 14 janvier 2015, surnommé « le numéro des survivants », avec le Mahomet de Luz disant « Je vous pardonne », s'était vendu à 8 millions d'exemplaires.

La journaliste Zineb El Rhazoui, qui quittera rapidement le journal, y a écrit une formule prémonitoire : « Ils sont morts, mais nous vivons, et nous mettrons longtemps, très longtemps à ramasser les fragments. »

Elle ne croyait pas si bien dire.

Car deux mois après l'attentat, les divisions se sont déclarées. Ne voyant aucune information venir, onze salariés demandaient que tous les collaborateurs deviennent actionnaires à parts égales du journal. Je ne faisais pas partie de la rédaction ni du collectif à proprement parler, Hélène et moi avions été « membres d'honneur », simplement parce que nous étions d'accord avec leur analyse et leur projet d'un nouveau journal. J'ai suivi les nombreux échanges d'e-mails et assisté à une seule réunion – j'avais beaucoup à faire, moi aussi, avec mon chagrin et ma famille.

Le 19 mars, Laurent Léger, journaliste d'investigation, rescapé de la tuerie, a annoncé avoir créé le Collectif du journal *Charlie Hebdo* pour ouvrir des négociations auprès de Riss et Porto sur une répartition égalitaire du capital[1].

Je n'étais pas physiquement présente à cette réunion. Le psychodrame ne faisait que commencer.

1. Outre Laurent Léger, le collectif était constitué de Luz (vice-président), Patrick Pelloux (secrétaire) et Jean-Luc Walet (trésorier), Catherine Meurisse, Zineb El Razhoui, Philippe Lançon, Simon Fieschi et Sigolène Vinson. Hélène Honoré et moi-même étions membres d'honneur.

Messieurs Portheault et Thévenet ont pris acte de la création du collectif, mais invoqué la « dignité » – Riss, censé diriger le journal, était encore à l'hôpital et dans une situation psychologique « dissociée », selon ses propres termes – pour reporter *sine die* toute réflexion sur cette demande de transparence.

Le collectif avait réfléchi à un petit manifeste pour expliquer sa position aux lecteurs de *Charlie Hebdo* et les convaincre de soutenir leur démarche :

> Parce que nous savons maintenant que publier nos idées peut nous coûter la vie et devant l'ampleur de l'élan de solidarité que vous nous avez manifesté, nous, les membres de la rédaction de *Charlie*, survivants de l'attentat du 7 janvier perpétré contre nous et dans nos bureaux, souhaitons transformer le journal de *Charlie* en une propriété collective.
>
> Parce que *Charlie*, c'est nous tous !
>
> Afin que les décisions éditoriales, économiques et sociales soient prises de façon démocratique.
>
> Actuellement entreprise commerciale, nous proposons que notre journal devienne une coopérative solidaire, dans laquelle 1 personne = 1 voix.
>
> Ainsi, journaliste ou actionnaire, nous serons tous égaux en droit.
>
> Pour que la liberté d'expression s'exprime au-dehors, mais aussi à l'intérieur de *Charlie*.

À cette annonce, la rédaction se déchire.

Le soir même, la dessinatrice Coco envoie un e-mail à tous ces traîtres du collectif : « Alors que nous n'avons même pas fait notre deuil, et qu'il est difficile d'accepter la mort brutale de chacun d'entre eux. Je vais dire un truc dur, mais les asticots ont même pas fini de bouffer Charb que vous parlez déjà de son argent. C'est moi, la merdeuse de 32 piges, qui vous dis ça. La fille qui aurait vraiment, vraiment voulu changer le cours de ce 7 janvier, pour eux, pour moi, pour vous tous. »

Elle gère son acte du 7 janvier comme elle le peut.

Agathe André, ex-journaliste et « logisticienne de crise depuis 2015 », comme elle se présente désormais, persifle sur le collectif, dans un compte rendu qui choque beaucoup de personnes : « Bref, il ne s'agit pas du tout d'une stratégie d'évitement, ni de blocage : c'est juste qu'aller causer parts, actions et pognon aujourd'hui, c'est comme aller voir Betancourt pour lui tirer des chèques », écrit-elle.

L'avocat Christophe Thévenet, lui, fait cette étrange analyse – à côté de laquelle celles du *Figaro* sont des modèles d'autogestion albanaise !

« Dans une société capitaliste, et c'est le cas de *Charlie Hebdo* jusqu'à preuve du contraire, les actionnaires font ce qu'ils veulent. Vous pouvez faire tous les collectifs de la terre, si vos directeurs/actionnaires ne sont que des affreux capitalistes, ils ont absolument tous les droits pour ignorer vos demandes. Si le débat c'est "vous avez de l'argent et c'est illégitime de le garder", c'est peut-être vrai, mais rien ne les oblige à le partager avec leurs salariés. Ça s'appelle le droit. »

Et le même de demander de ne surtout pas ébruiter les « débats » internes, il en va de l'image du journal.

Deux mois après l'assassinat des fondateurs et des proches, c'est ça, l'état moral de *Charlie Hebdo* et de ceux qui ont l'ambition de conduire la destinée du titre. Quant à l'argent, ma position est la suivante : des hommes et des femmes sont morts pour ce journal, il ne faut pas les oublier, ça s'appelle le prix du sang.

*

Pour beaucoup, la dégradation des rapports est irréversible.

Il n'y a plus de délégué du personnel.

C'était Tignous.

Toujours élu car le seul à se présenter…

Luz annonce qu'il quitte le journal en septembre.

Patrick Pelloux, Catherine Meurisse, Zineb El Rhazoui et Laurent Léger suivront.

Ce « journal » est constitué désormais de ceux qui le dirigent, de ceux qui y ont trouvé une seconde vie professionnelle et de ses avocats.

Dans le même temps, il faut réfléchir à la création d'une association qui représenterait les familles des victimes et des blessés. Nous souhaitons la créer rapidement parce qu'ils nous infantilisent, font traîner les choses et diluent les morts de *Charlie* dans une association de toutes les victimes qui nous lie les mains.

L'opacité s'est abattue sur les finances du journal et les prises de décision éditoriales. Le manque de tact et de sensibilité des nouveaux dirigeants est un mur contre lequel nous nous heurtons de plus en plus brutalement.

En avril, la direction de *Charlie Hebdo* et ses avocats se sont fait tancer, lors d'une réunion spéciale rue de Valois, par Jérôme Bouvier, un conseiller de la ministre de la Culture chargé de la médiation entre les deux parties. C'est dire l'ambiance.

Étonné par tant de désinvolture, le médiateur leur a fermement demandé d'effectuer dans les plus brefs délais un premier versement substantiel aux familles des victimes.

Autre sujet de désaccord abordé lors de cette réunion : la fameuse fondation #JeSuisCharlie. Elle est mise de côté par les actionnaires Riss et Porto, qui tiquent devant la demande du collectif d'avoir un droit de regard et une administration transparente. Le médiateur ne cache pas son inquiétude sur « l'ambiance délétère » qui se développe au sein du journal. Enfin, Jérôme Bouvier essaie de les convaincre de la bonne idée d'un actionnariat salarié : ils pourraient même étrenner la nouvelle loi favorable à ce genre de participation salariale, *Charlie Hebdo* serait à l'avant-garde. En vain.

*

Aucun livre hommage aux dessinateurs assassinés n'a été conçu. Je ne suis pas certaine d'avoir encore envie de composer, de comprendre, de me satisfaire de leurs miettes.

Moi, je ne leur dois rien.

Je ne m'étais pas exprimée jusque-là, mais ils ont acté définitivement leur mépris en punissant Tignous à travers moi. En octobre 2017 sortait *Grand format*, une anthologie de doubles pages centrales du journal entre 1992 et 2017.

Grand dessinateur de reportage, Tignous en avait réalisé beaucoup. Pourtant, aucun dessin de lui ne figure dans ce livre. Ils ne m'ont jamais contactée pour en avoir et ne m'ont même pas envoyé un exemplaire du livre lors de sa parution. C'est une amie journaliste, étonnée de ne pas y trouver Tignous, qui me l'a offert.

C'est pour cela que je me moque désormais de leurs hors-séries du 7 janvier et de leurs publications de circonstance.

C'est pour cela que j'ai décidé de *continuer* Tignous sans eux.

De publier des livres, neuf entre juin 2015 et octobre 2019, et deux calendriers perpétuels.

De constituer son fonds de milliers de dessins et d'archives, d'organiser des expositions, de me démultiplier dans des conférences et des rencontres sur la liberté d'expression, de créer un prix Tignous du dessin de presse et de lancer, en octobre 2018, les premiers États généraux du dessin de presse (EGDP).

Aujourd'hui, la salle du Conseil de la mairie de Paris s'appelle « salle Tignous » et arbore une vingtaine de ses dessins reproduits sur ses murs.

À Montreuil, un centre d'art contemporain porte son nom.

Pour que Tignous ne soit plus seulement connu comme une victime de *Charlie Hebdo*, mais reconnu comme le grand dessinateur qu'il était.

En 2019, *Charlie Hebdo* réalise les mêmes ventes en kiosque qu'avant le 7 janvier 2015. Il n'y a plus de ligne politique dans ce journal.

Le 7 janvier 2015, en assassinant la quasi-majorité de ceux qui avaient œuvré à le relancer en 1992, ces barbares ont tué l'âme du journal, ils ont tué *Charlie*.

27

Devenir Tignous

Depuis l'hôpital des Invalides où il est en convalescence, Philippe Lançon m'envoie cet e-mail :

« J'aimais beaucoup Tignous et je garde pour toujours le souvenir de sa dernière intervention, quelques minutes avant l'attentat, qui rappelait à tous d'où il venait et où il se demandait, avec clarté et virulence, pourquoi lui s'en était sorti et pas mal de ses copains, non. Je partageais je crois avec lui bien des valeurs, et aussi ceci : nous étions les deux à arriver presque toujours en retard à la conférence du mercredi. »

Tignous, qui avait emmené ses enfants à l'école, ne l'était pas à celle du 7 janvier 2015.

Ses mots me touchent, tout particulièrement sa remarque sur les origines sociales de Tignous. En effet, le petit Bernard Verlhac aurait pu mal tourner, ou se perdre dans le labyrinthe de l'École et ne jamais dessiner. Tignous disait toujours : « Moi, j'aurais dû finir en prison ou mort », comme beaucoup de ses copains. Comme il l'affirmait également, dessiner lui avait sûrement évité de faire des conneries.

Le 7 janvier, peu avant qu'ils surgissent dans la salle de rédaction, Tignous s'était emporté au cours d'un débat qui agitait la rédaction, trop accusatrice selon lui : « Mais vous vous êtes demandé quelle était notre part de responsabilité dans la souffrance de ces jeunes qui partent faire le djihad pour qu'ils en arrivent là ? »

Ils ont tué un mec bien.

*

L'ado à capuche toise l'assemblée d'un œil noir. Défiant. Hostile.

Je suis à Montpellier, dans un quartier difficile, pour une conférence avec une centaine d'élèves de l'École de la deuxième chance. J'ai été invitée à la suite d'une exposition intitulée « Blasphème », que nous présentions dans un bus scolaire américain jaune, pour parler de Tignous, du dessin de presse et de la liberté d'expression[1].

1. Exposition et conférence organisées par le Club de la Presse de l'Hérault, avec le soutien de la Région Occitanie, qui a tourné dans les « quartiers » à Montpellier et Toulouse.

Ce gamin se prend pour un caïd, il semble régner sur la salle.

C'est en pensant à Tignous et à sa ligne de conduite que je me suis mise à parler.

Alors quoi ? Parce que c'étaient des gamins « des quartiers », parce qu'ils n'avaient pas eu les « mêmes chances » que les autres, parce qu'ils étaient « victimes » du « système », ils étaient condamnés par avance ?

Non, je refusais de les conforter dans cette idée, de les plaindre. Alors je leur ai raconté d'où venait Tignous. D'un milieu modeste, un gamin de banlieue dont les parents étaient « montés à la capitale » pour travailler, en quittant leur famille. Les classes passerelles, le parcours scolaire chaotique. Jusqu'à ce professeur de dessin qui le remarquera et conseillera à ses parents de lui faire passer les concours des écoles d'arts graphiques. Écoles publiques et gratuites, parce que ses parents n'avaient pas les moyens de lui payer une école privée. Et Tignous a été reçu à l'école de la rue Madame, puis à l'école Boulle.

Des échecs, des découragements, des trouvailles, des succès.

Leur démontrer que c'est possible de trouver une issue, à force de travail, de passion et d'obstination. Cette joie féroce à devenir ce que l'on veut être, comment on devient un homme, comment on devient un artiste. Il avait été un teigneux, un vrai, un Tignous !

Tignous a mis des années avant de devenir le virtuose du Prokey et du Tipp-Ex, des aquarelles et des croquis de justice, des reportages dessinés et du dessin de presse.

Il a mis des années avant de devenir Tignous.

Alors maintenant qu'ils étaient à égalité avec lui sur la ligne de départ, je souhaitais qu'ils comprennent que je les respectais. Que nous pouvions parler.

À la fin de mon intervention, il y a eu des applaudissements longs et sincères. Des jeunes filles voilées, qui au début ne voulaient pas me regarder, sont venues faire des selfies avec moi. D'autres ont tenu à me serrer la main. L'ado à capuche, avec son air pénétré de petit caïd, est descendu du haut de l'amphithéâtre : « C'est bien ce que vous faites, madame. Je ne suis toujours pas d'accord avec vous, mais il faut continuer. »

Je venais de lui ouvrir les yeux. Oui, nous pouvions vivre ensemble sans être d'accord, et nous respecter. J'ai l'espoir que, peut-être, ce jour-là, je l'ai empêché de partir en Syrie…

Une petite victoire, une goutte d'eau dans l'océan.

Tignous n'avait jamais oublié d'où il venait ni qui il était.

Je l'aimais, aussi, pour ça.

Tignous était une petite teigne.

28

Toucher le fonds

La vie prend l'eau de toutes parts, mais on n'a pas fini de boire la tasse. En janvier 2015, quand nous sommes reçus à l'Élysée, le président François Hollande nous promet que nous serons aidés, assistés, dans toutes nos démarches. Que nos dossiers seront traités en priorité et les taux déplafonnés.

Il y a, en plus du président de la République et de ses ministres, les représentants d'associations de victimes et ceux du FGTI[1]. J'ai souvenir de gens très gentils qui me regardent bien droit dans les yeux et m'assurent que tout va bien se passer. Que nous serons rapidement pris en charge et aidés.

Rien n'a été fait. Aucune promesse tenue.

Au début, on est comme dans un cocon. Plein de gens viennent spontanément à nous, comme ces associations de victimes… Il y en a un certain

1. Fonds de garantie des victimes des actes de terrorisme et d'autres infractions.

nombre, qui font exactement la même chose. Je n'ai jamais bien compris à quoi elles servaient, en ordre dispersé. Je me souviens d'avoir été reçue avec Arnauld Champremier-Trigano et Hélène Honoré par un monsieur d'une de ces formations – je ne sais même plus laquelle –, mais cela n'a débouché sur rien.

Bien d'autres acteurs s'insèrent dans ce petit jeu – avocats, psychologues... Dans cette période précise, l'entité *Charlie* nous materne et nous en trouve plein, de ces spécialistes du droit et de la consolation. Nous n'avons pas vraiment le choix, nous sommes un peu perdus, mais au moins, c'est *Charlie* qui les paie. Enfin, au début, et tant que ce sont ceux qu'ils nous ont désignés.

Il faut se battre pour pouvoir en changer, et maintenant, alors que toutes les procédures juridiques et soins psychologiques sont encore en cours, je dois assumer les frais, *Charlie* ne les paie plus. Sans explications.

Rapidement, ça se complique. La direction de *Charlie Hebdo* organise ses propres réunions, avec des avocats spécialisés dans l'indemnisation des victimes pour nous prémunir... contre ce même FGTI censé nous indemniser.

Pourquoi donc cette réticence de la part du journal ?

L'avocat de *Charlie*, maître Thévenet, nous briefe lors d'une réunion : tout est conçu et organisé pour défendre au mieux les familles de victimes. Surtout, nous ne devons pas traiter avec le FGTI en direct, mais passer par un avocat. Le FGTI essaie toujours de payer le moins possible et de minimiser les situations, alors on nous présente une batterie d'avocats venant d'un cabinet spécialisé en réparation.

Le FGTI est un monstre administratif complexe, certes, mais son objectif est simple. C'est la vague d'attentats ayant frappé la France dans les années 80 qui a conduit le législateur à mettre en place un dispositif spécifique pour réparer les préjudices subis par les victimes : le FGVAT[1] est créé en 1986.

Dès 1990, sa mission est étendue à la prise en charge des victimes d'infractions de droit commun. Le FGVAT devient le FGTI.

En 2008, le législateur décide de créer un dispositif permettant aux victimes de bénéficier de l'intervention du FGTI pour recouvrer (soit en totalité, soit sous forme d'avance, puis dans le cadre d'un mandat) les sommes qui leur sont dues. Ce dispositif s'appelle le SARVI[2]. Il a pour mission d'indemniser correctement les victimes, de pallier les manquements des assurances et des fonds d'investissements

1. Fonds de garantie des victimes des actes de terrorisme.
2. Service d'aide au recouvrement des victimes d'infractions.

privés qui n'indemnisent pas, ou pas toujours, ou très mal, ou très en retard. Son comité d'administration est composé de représentants des ministères régaliens (Intérieur, Armées, Justice...) et de représentants d'associations de victimes. Ses fonds proviennent de la solidarité nationale.

Je l'ignorais jusqu'alors mais chaque citoyen est prélevé sur son assurance habitation d'un, deux ou trois euros, cela dépend des assurances, pour alimenter ce fonds.

Le FGTI calcule votre préjudice matériel et affectif. Sur la base de cette somme, l'organisme déduit tout ce que vous touchez des assurances et divers organismes, et vient en renfort au cas où la somme ne serait pas atteinte.

*

J'ignore, en cette fin de janvier, que je mets les pieds dans un labyrinthe sans limites. Depuis des mois, des années maintenant, mes interlocuteurs me disent, concernés, compassionnels, mais impuissants, que mon dossier est « compliqué ». Essayons de le comprendre malgré tout.

En tant qu'épouse de victime, quels sont mes droits et ceux de mes enfants ?

Le préjudice est multiple et divisé en différents postes : « Affection », « attente », « établissement » et « situation économique ».

Je n'ai aucune information ni estimation de la part de mon avocate du fameux cabinet spécialisé (nous l'appellerons maître Revêche), et aucun des courriers du FGTI ne me parvient.

Le fonds a débloqué une première somme d'urgence de 20 000 € à la toute fin du mois de janvier. Mais, selon ses experts, il leur est impossible de calculer dans un premier temps mon préjudice matériel parce que, depuis le 7 janvier 2015, je suis en arrêt de travail de mon emploi à temps partiel au théâtre Le République.

Il faut que je sois « consolidée » pour savoir si je peux retravailler ou non, et donc, pour l'administration, déduire mes revenus du montant du préjudice.

Maître Revêche m'indique la marche à suivre : se faire évaluer par un psychiatre du FGTI. Il classera mon trauma sur une échelle définie, ce qui permettra de calculer au plus juste une proposition d'indemnisation. L'avocate me prépare à cette évaluation avec une psychiatre qui pratique l'accompagnement de victimes.

La rencontre avec M., le psychiatre du FGTI, est un grand moment. Cette scène me paraît encore surréaliste. Le monde entier sait ce que j'ai vécu ; il est difficile de retranscrire avec exactitude le chaos qui règne à ce moment-là sous mon crâne, mais de là à devoir m'en justifier, l'artifice et le ridicule des tests paraissent éclatants.

Va-t-il mesurer ma quantité de larmes ?

Plus je lui prouverai que je suis malheureuse, plus je serai indemnisée ? La situation est kafkaïenne. Je suis très en colère de me retrouver dans cet étau. C'est inhumain, au sens étymologique du terme, « sans humanité », de demander à quelqu'un de se justifier de son drame, de son chagrin, de sa souffrance, pour pouvoir placer le curseur sur le « taux d'incapacité » qui, lui-même, déterminera le montant du préjudice.

J'ai envie plus d'une fois pendant cet entretien de sauter par-dessus le bureau pour aller choper ce foutu psy à la jugulaire. Finalement, je récolte une bonne note sur l'échelle du malheur : le psy entérine le fait que je suis bien atteinte. Je suis une « victime par ricochet ». Nausée…

Pourquoi me plaindre ? J'ai commencé à percevoir, également en tant que veuve, une rente d'accident du travail émanant de la caisse primaire d'assurance maladie.

Comme tout le reste de ce dossier, les choses m'arrivent sans que je comprenne vraiment pourquoi ni comment. C'est comme ça. Chercher à comprendre fait partie d'un processus plus long que je ne l'avais imaginé.

Être indemnisée est essentiel, vital, mais tout cet argent me tétanise, me fait horreur. Il est lié à Tignous, à son assassinat, à sa vie indexée sur le malheur. Dans un premier temps, je n'en veux pas et refuse de savoir comment il m'arrive. C'est difficile de ne pas s'apitoyer sur son sort. De rester digne et de faire face. Pour les autres, parce que nous avons aujourd'hui une responsabilité importante dans ce que nous véhiculons, et puis pour les enfants.

*

Durant ces longs mois, Éric, le cousin haut fonctionnaire de Tignous, m'accompagne à mes rendez-vous chez maître Revêche. Le contact est difficile, j'ai toujours avec elle le sentiment de n'avoir pas compris, d'être de trop, de n'être qu'une vilaine petite fille qui écoute mal les leçons. Ces rendez-vous me terrifient. Elle ne veut jamais nous montrer aucun document – « secret-professionnel » – et invoque le temps long de la justice et la possibilité bien plus prometteuse de procédures collectives.

Même s'il est beaucoup plus aguerri que moi à la mentalité administrative et aux arcanes de l'État, Éric repart tout aussi blessé, en ayant comme moi l'impression de n'avoir rien appris, de n'avoir pas avancé d'un pouce, pire, d'être infantilisé.

Concrètement, depuis les versements de 2016, l'avocate mandatée par *Charlie Hebdo* n'a rien obtenu du FGTI et ne m'a communiqué aucune information. En 2018, j'ai repris un peu du poil de la bête et je décide de parler à maître Revêche lors d'une énième réunion. Je lui fais part de ma souffrance liée à nos relations délétères – elle le prend assez mal. Vexée et croyant sans doute m'intimider, elle me propose de reprendre mon dossier et de trouver quelqu'un d'autre pour s'en occuper. Ce que j'accepte sans me faire prier.

Seule inquiétude de sa part : sa rémunération, puisque *Charlie Hebdo* ne l'avait pas encore payée comme ils l'avaient promis.

Éric me présente une autre avocate – appelons-la Gaëlle. Elle démêle en un tour de main le problème des droits d'auteur de Tignous et se penche sur mon cas. Elle n'est pas déçue.

J'ai alors découvert que mon dossier « compliqué » n'avançait pas parce que mon ex-avocate n'avait tout simplement jamais adressé les pièces nécessaires aux administrations, notamment mes relevés d'imposition et les pièces justifiant de mes revenus.

Elle me disait que le *pool* d'avocats envisageait une action collective et qu'ils se concertaient. En attendant, les dossiers des autres avançaient, mais pas le mien ! Je me suis demandé après coup si maître Revêche avait cherché avec mon cas à faire un coup d'éclat, et attendait son moment… Elle me donnait l'impression de vouloir faire briller son nom grâce à cette affaire.

Grâce à Gaëlle, j'ai enfin accès aux pièces de mon dossier. Avec trois années de retard. Ce qui est terrible, c'est qu'avec le recul je me rends compte à quel point j'étais vulnérable. À quel point j'ai fait confiance, croyant qu'après cette tragédie les gens qui m'entouraient seraient efficaces et nous voudraient du bien.

Je découvre dans ce dossier comment j'ai été évaluée par le fameux psychologue, et les propositions concrètes que m'avait faites le FGTI en 2016. À l'époque, j'avais refusé, sur les conseils de maître Revêche, une proposition d'« indemnisation du préjudice affectif ». À hauteur de 80 000 €.

La somme, il est vrai, était ridicule en regard du préjudice qu'elle était censée indemniser, mais la proposition suivante le fut encore plus.

Je suis punie d'avoir refusé la première indemnisation. Je me fais symboliquement taper sur les doigts : je n'avais pas voulu la première fois ? Eh bien, ce serait moins à chaque proposition. Mais je ne négocie pas un tapis. Quelle valeur donner au « préjudice d'affection » lorsqu'on a perdu l'amour de sa vie ? « Négocier », pour moi, n'avait aucun sens.

*

Au siège de Bobigny, je rencontre le directeur du FGTI et son adjointe, afin de plaider ma cause. L'occasion de demander qu'on arrête de me dire que mon cas est difficile et unique.

J'ai toujours l'impression que nous avons perdu plus que les autres et que notre situation à nous, qui sommes encore plus vulnérables, est la plus incertaine et fragile. Je veux que l'on cesse de me torturer avec les réunions, les expertises, les papiers. Que l'on me fasse une proposition d'indemnisation et que je puisse enfin fermer ce dossier-là. Il en reste tant d'autres à clore…

Je leur raconte mon histoire d'amour, pour qu'ils comprennent ce qu'ils indemnisent, que cela ait du sens et qu'ils mesurent bien la difficulté d'en évaluer le prix.

L'adjointe me répond que « ça ne les regarde pas », qu'ils n'ont pas à « entrer dans l'intimité des gens ».

Ils veulent aussi, afin d'éventuellement majorer le montant de l'indemnisation pour les enfants, leur faire passer une expertise psychiatrique. Je refuse tout net. Quelle horreur, qu'on les laisse tranquilles ! Stop à cette folie.

Après cet entretien, le directeur me raccompagne jusqu'à ma voiture. En s'excusant presque. Il me comprend. Moi, je parle de sentiments, eux ne pouvaient répondre que barèmes.

En 2016, le FGTI m'avait donc proposé une somme dérisoire pour le « préjudice d'affection ». Je l'ai refusée, mais ils me l'ont donnée quand même, en m'informant qu'« elle serait prise en compte dans les prochains calculs ».

Pour la majorer et ajouter le « préjudice d'attente », il leur fallait le rapport de la police judiciaire et le rapport d'autopsie.

Le principe du « préjudice d'attente » : plus c'est long, plus tu es une victime. Ce préjudice se calcule à la seconde près. Vous touchez plus ou moins si vous avez été une victime durant vingt secondes ou deux minutes. En une fraction de seconde, ou une éternité, Tignous a eu le temps de comprendre, le temps de penser à nous, et il est parti en sachant qu'il nous laissait pour toujours. C'est monstrueux d'écrire ces quelques mots. Je me relis et je ne comprends pas. Parfois, j'aimerais que la folie me saisisse pour que j'oublie.

Pour que je ne l'imagine plus.

Pour que je ne souffre plus pour lui, sans lui.

Je n'ai pas fourni les pièces.

Qu'ils donnent ce qu'ils veulent, c'est abject.

Je suis dans un tunnel. En lutte. Survivre, vivre, gérer les enfants, gérer la maison, ne pas craquer, faire de mon mieux, ne pas devenir haineuse, ne pas me plaindre, donner à voir le meilleur de moi-même pour donner à voir le meilleur de lui.

Réactivant le dossier FGTI à l'arrêt, Gaëlle rouvre un autre dossier, encore plus coton : celui du préjudice matériel. Nous envoyons toutes les pièces et, après des mois d'attente, le FGTI me propose enfin une indemnisation.

Il ne me doit rien.

Le préjudice d'affection a été couvert par la somme allouée en 2015, puis par le reliquat de 2016. Le préjudice matériel, lui, est couvert par la CPAM.

La petite cruauté des détails dit tellement de choses sur l'époque et la société...

Quand Tignous payait ses impôts et participait à la solidarité nationale, il n'y avait pas de plafond. Maintenant que la Nation doit être solidaire à son tour, la rente d'accident du travail de Tignous est plafonnée. Elle prend en compte ses salaires, ce qui évidemment n'est déjà pas l'intégralité de ses revenus : elle n'englobe pas les droits d'auteur, prestations de dessin en direct, ventes de dessins, etc.

Donc, sur l'ensemble de cette somme que représentent ses salaires est retenue une somme plafonnée d'environ 60 %. Le montant de la rente trimestrielle est égal à 40 % de ces 60 %.

Soudain, je comprends. La rente trimestrielle de la CPAM est en fait une enveloppe globale qui m'est distillée tous les trimestres. Je la toucherai jusqu'à atteindre la somme globale que la CPAM avait calculée et qui était sensiblement la même que celle calculée par le FGTI. Je ne savais pas que cette rente correspondait à une somme globale. Je l'apprends incidemment dans le courrier du FGTI, courrier auquel j'ai enfin accès grâce à Gaëlle, qui fait l'inventaire des sommes touchées et donne le montant de la rente de la CPAM.

Aux yeux du FGTI, j'ai donc déjà touché cette somme et, comme ils ne peuvent se substituer aux divers organismes payeurs, ils ne me doivent rien. Mais le fait têtu est que je n'en ai pas touché l'intégralité de la part de la CPAM. Je bénéficie d'une somme trimestrielle, sous conditions. Je dois, tous les ans, comme toutes les veuves, signer un papier affirmant sur l'honneur que je ne suis ni remariée ni pacsée, que je ne vis pas en concubinage. Sinon, la rente est suspendue immédiatement (elle reprend si séparation).

Mon cas est différent : je peux la toucher *malgré tout* jusqu'aux vingt ans de mon dernier enfant, donc encore dix années. « C'est déjà bien » – voilà, en gros, ce que m'ont répondu les responsables de cabinet du directeur de la CPAM de Seine-Saint-Denis, que j'ai encore rencontrés début juillet 2019.

Mais quand bien même, au bout de dix ans, cela ne représente qu'un tiers du montant de l'indemnité calculée par le FGTI. Pourquoi ne toucherais-je pas les deux tiers restant ?

Et si je mourais moi aussi, le reliquat ne serait pas non plus versé à nos enfants.

J'ai donc demandé le versement de cette somme en une seule fois. Ce n'est pas possible, la CPAM ne le permet pas. Si j'avais été indemnisée par le FGTI directement, ce versement global aurait été possible.

Mais le FGTI me renvoie à la CPAM, qui, etc. Je me trouve donc coincée entre deux organismes payeurs qui ne peuvent déroger à leurs règles.

Je reste un « cas compliqué ». À force de me l'entendre dire, je vais finir par le croire.

*

À l'hiver 2018, j'appelle Christiane Taubira pour lui expliquer ma situation, qu'elle considère « humainement terrible ». Grâce à elle, une fois de plus, je peux entrer en contact avec des responsables de la CPAM.

J'ai un entretien téléphonique avec une dame. Mme X me dit « comprendre », me confirme combien, encore une fois, je me trouve dans « une situation unique, difficile parce que nouvelle » et qu'elle mesure mon désarroi, oh oui. Elle va se renseigner et « revenir vers moi ». Elle me rappelle deux mois après. Elle ne peut rien faire, « on ne peut pas changer la réglementation ».

La nation entière, le monde entier ont vécu et ont été bouleversés par cet attentat. Des journalistes ont été assassinés dans leur rédaction au XXIe siècle, dans le pays des Lumières. Nous vivons un drame collectif et historique aux prolongements multiples, mais la CPAM, elle, ne peut pas changer sa réglementation.

En fin de compte, pour pouvoir toucher ce que le FGTI m'accorde comme indemnisation, je suis soumise à la réglementation de la CPAM qui m'empêche de me projeter, qui me condamne tout le reste de ma vie à être veuve – même pas joyeuse.

Si je résume, Tignous n'a pas été assassiné.

Tignous n'est pas une victime politique du terrorisme islamiste. Tignous est, c'est officiel, un accidenté du travail. C'est ce que j'ai peu à peu compris du soutien de la République.

Cependant, par arrêté de la garde des Sceaux, ministre de la Justice, en date du 11 mai 2015, la mention « victime du terrorisme » est inscrite sur l'acte de décès de M. Bernard, Jean, Charles Verlhac, né le 21 août 1957 à Paris, décédé le 7 janvier 2015 à Paris (*JORF*, n° 0114 du 19 mai 2015, page 8440, texte n° 33).

La qualification d'accident du travail est odieuse pour mes enfants et moi. Au quotidien, ils ne disent pas que leur papa a eu un accident au travail mais bien qu'il a été victime de la folie terroriste et assassiné.

La réglementation de la CPAM est une double peine.

Au printemps 2019, j'échange avec Jacques Toubon, le défenseur des Droits, puis avec Anne Hidalgo, maire de Paris, et Patrice Bessac, maire de Montreuil, où je réside, pour leur demander leur aide dans ce dossier. Ils sont touchés par mon récit et indignés par la situation. Ils promettent de m'aider.

Je ne demande rien, ni revalorisation, ni reconsidération, je suis épuisée, je veux juste que l'on nous donne ce que l'on nous a accordé. Sans conditions. Et que ça s'arrête.

29

Petit vertige

Des jours, des mois, des années à avoir le sentiment d'être toujours *le* dossier compliqué, d'avoir tout perdu, l'amour de ma vie, le père de mes enfants, un homme gentil, un dessinateur de génie, la sécurité et le bonheur, et, alors que les autres se sortaient de ce bourbier, moi je restais seule avec mon « cas compliqué »...

Parce que je me suis vraiment posé la question de savoir si j'avais envie de continuer à vivre.

Je pensais que je ne le pourrais pas.

Et puis j'ai décidé de vivre.

Ils avaient tué mon amoureux mais je pouvais encore faire vivre le dessinateur. Tant que Tignous serait publié, tant que l'on verrait ses dessins, l'artiste serait vivant et eux, les barbares, auraient perdu.

Ne pas leur laisser le terrain.

Rester debout.

30

W.

Au départ, nous ne maîtrisions pas grand-chose.

Par l'intermédiaire de *Charlie Hebdo*, nous rencontrons tous une psychologue référente qui nous expertise et nous oriente vers des psychiatres ou d'autres psychologues.

Je ne souhaite pas être suivie par la même psychologue que les enfants. Ça me dérange. Je ne veux pas qu'ils aient l'impression que je viole leur jardin secret.

Elle me donne donc les coordonnées d'une autre consœur, spécialiste en EMDR[1], une technique de reprogrammation émotionnelle par le mouvement qui ne fonctionne pas avec moi... J'ai l'impression que ces séances ne servent à rien.

Je pleure souvent pendant nos rendez-vous. Elle me dit que c'est normal. Elle ne m'aide pas, mais elle compatit. Elle me conforte dans l'idée que j'ai perdu l'homme de ma vie, ma moitié, et

1. *Eye Movement Desentization and Reprocessing.*

que je n'arriverai jamais à me reconstruire ni à lui survivre.

Le reste du temps, j'ai la sensation de tester sur elle les mécanismes de l'esprit et de construire mon récit, ma légende...

Je vais à ces séances parce qu'on m'a dit de le faire.

Encore une consigne que l'on m'a dictée et à laquelle j'obéis. Absente de moi, toute mon énergie dévolue à Tignous.

Je suis perturbée par ma capacité à être ce que j'appelle « l'attachée de presse » de Tignous. J'ai déjà évoqué ce phénomène, mais il mérite qu'on s'y attarde.

Chaque fois que je dois intervenir dans un média ou parler de Tignous lors de dédicaces ou de conférences, c'est comme si je devenais quelqu'un d'autre, que je me détachais et ne souffrais plus. Mais quand « l'épreuve » est finie et que la réalité me rattrape, c'est violent et ça me fait très mal.

La psychologue m'a alors expliqué ce mécanisme de défense fascinant que j'ai mis en place. Le 7 janvier 2015, l'état de sidération dans lequel je me suis retrouvée, cet état cotonneux et sans souffrance, était en réalité un mécanisme de défense de mon corps. Sous l'effet du choc, le corps sécrète du cortisol et de l'adrénaline (les hormones du stress) en si grande quantité qu'elles peuvent provoquer de graves dégâts. Alors, pour éviter de « griller », le cerveau stoppe les arrivées des terminaisons nerveuses et se déconnecte. C'est pour cela que cet état est si doux. Et que c'est si douloureux lorsque la reconnexion se fait.

La mémoire du corps est immense, il sait reproduire ce qu'il a déjà expérimenté. C'est pourquoi, chaque fois que je me retrouvais en situation de souffrance, instinctivement, mon cerveau se protégeait.

Mon défi allait être d'apprendre à ne plus déconnecter, à affronter cette réalité sans que la souffrance soit insurmontable.

Les enfants non plus ne sont pas très heureux avec leur psychologue, mais ils n'osent pas me le dire. Ils ne savent pas qu'ils ont « le droit » de changer de médecin. Ils finissent par en parler à Laurie[1], qui me le répète.

Depuis, ils ont changé plusieurs fois de psychologue et sont suivis en fonction de leurs demandes. Ils grandissent, mûrissent. Les besoins d'une adolescente de quatorze ans ne sont pas exactement les mêmes que ceux de la petite fille de neuf ans

1. Laurie Séguin, mon amie depuis la faculté, et mon bras droit qui m'aide à gérer *Petites Teignes* (structure qui représente Tignous et ses ayant-droits).

qu'était Sarah-Lou en 2015. Quant à Solal, sa perception des faits, sa réalité, se construit chaque jour. Que le chemin est difficile pour un petit garçon d'aujourd'hui dix ans qui n'en avait que cinq en 2015…

Pour Marie et Jeanne, le processus est encore différent.

Et puis, je rencontre le docteur W. Sur les conseils de mon avocate, je dois la voir afin de préparer l'entretien crucial avec l'expert-psychiatre du FGTI.

J'ai aimé notre rencontre. Elle a été la première à ne me témoigner aucune compassion. Elle ne le fera jamais.

*

Ce matin-là, je viens de laisser mon fils fiévreux à la maison après une nuit agitée. Je suis inquiète et fatiguée. Je n'ai aucune envie d'être dans ce cabinet, encore moins de parler.

J'ai dû lui dire tout ça avec la violence qui intérieurement me déchirait.

Avec un demi-sourire, elle me fait comprendre que je suis libre. Il ne tient qu'à moi de partir. Elle me vire ? Moi ? Ah, mais alors, je vais rester ! Depuis, tous les quinze jours, je traverse tout Paris pour aller la voir.

Une heure aller, une heure retour. J'aime ce temps qui n'est qu'à moi, où je laisse mon esprit vagabonder et où je converse avec moi-même.

Depuis l'attentat, je n'ai pris aucun anxiolytique ni antidépresseur.

Le docteur W. m'explique le processus physiologique auquel je fais face. Mon taux de sérotonine, celui qui régule l'humeur, a complètement chuté, les réserves sont vides. En temps normal, elles s'amenuisent un peu à cause du stress et des angoisses quotidiennes mais se rééquilibrent naturellement. Après un choc comme celui que j'ai vécu, je vais finir par reconstituer mon stock, certes, mais cela me prendra des mois, voire des années.

Dit-on à un blessé qui a une entorse qu'il doit faire preuve de courage et marcher sans béquilles ? Non, au contraire.

C'est la même chose pour moi. Prendre des antidépresseurs n'est pas un signe de faiblesse, c'est juste une aide pour aller plus vite, pour m'autoriser à souffler un peu, « à poser mes valises », à ne plus me battre tout le temps.

Elle m'avait promis cinq mois à ce régime. Compter un mois et demi pour que le traitement commence à faire effet, puis deux mois de traitement et, enfin, un mois et demi de sevrage.

Et c'est ce qui s'est passé.

Est-ce que je vais mieux ?

Mais allais-je mal ? Je n'ai pas fait de dépression, je me suis levée tous les matins, j'ai fait face et continué à m'occuper de nos enfants et de notre maison, j'ai travaillé à perpétuer l'œuvre du dessinateur Tignous, à faire vivre mon amoureux, le père de mes enfants.

Mais j'ai failli mourir d'épuisement à force de ne plus dormir, d'être en hypervigilance permanente, de surconsommer des antidouleurs, de gérer le nouveau personnage public et la maman, d'être partout en essayant quand même d'être quelque part… Tout avait le goût du carton et je ne pensais plus qu'en termes de devoirs.

J'avais oublié de vivre.

Le docteur W. m'aide à redevenir faillible et à en faire une force. Elle me suggère la route, m'accompagne dans mes hésitations et me relève quand je trébuche. Vivre à nouveau, amputée de ma moitié, respirer seule, avancer seule.

Ma rencontre avec le docteur W. a été une chance.

Je l'admire. Elle est brillante. Elle est drôle. Elle me donne envie de ressembler à la personne qu'elle évoque quand elle me parle de moi.

31

L'atelier

Les premiers jours, quand les médias du monde entier ont déferlé sur la maison, j'ai mis un point d'honneur à répondre aux questions ou à être prise en photo uniquement dans le bureau de Tignous, son petit atelier au fond du jardin.

Les photographes et les reporters d'images râlaient un peu, parce qu'ils n'avaient pas beaucoup de place et de champ. Et parce qu'ils avaient des commandes : des photos de la maison, de notre intimité, c'est vendeur. Mais j'ai toujours refusé. Ce bureau, c'est le bordel, mais c'est chez Tignous.

Je me forçais pour y entrer. Je n'allais jamais seule dans ce lieu où il y avait eu tant de bonheur, et aujourd'hui tant d'absence.

Il suffisait que j'ouvre un tiroir pour tomber sur des tas de petits papiers et de notes qui me sautaient au visage, des bouffées de souvenirs. Je lui parlais. Je lui murmurais des confidences. Tout me piquait les yeux.

Il suffisait que je regarde la baie vitrée de l'atelier pour que me reviennent des images de bonheur devenues insupportables. Il avait installé deux chaises supportant une planche, c'est ici que les enfants pouvaient dessiner avec lui. Il dessinait avec le sourire. Il dessinait des sourires. Il leur dessinait des tatouages incroyables sur les bras.

Ses centaines de carnets en témoignent : il dessinait tout le temps, partout, sur tout. Je trouvais passionnant de l'observer travailler au feutre et au blanc. Ses dessins s'imposaient tout de suite sur la feuille, d'un jet, sans hésitation et sans bavure, comme un éclair. C'est dans son atelier qu'il avait mis peu à peu ses couleurs au point, ses bleus reconnaissables entre tous les bleus et ses rouges si rouges. C'est ici encore qu'il a expérimenté ses dessins et mises en couleurs très personnelles sur iPad.

L'atelier palpitait de toute cette vie. L'atelier me désemparait.

C'était la fin de l'innocence.

C'est qu'en même temps je me suis retrouvée subitement dans la peau d'une veuve d'artiste. Je devais être à la hauteur. Or je n'étais pas spécialement préparée aux questions de droits d'auteur, de droit moral, à la protection tous azimuts de l'artiste Tignous. Épaulée par mon éditeur, mon avocate et mon amie Laurie, j'ai rapidement créé une petite structure pour les ayant-droits que nous sommes devenus, les enfants et moi, que j'ai appelée « Petites Teignes ».

Aux demandes d'autorisation de publication, surtout dans ces moments intenses d'émotion, j'ai dû dire plus souvent « non » que « oui ». J'ai dû mettre un frein aux publications sauvages. À ce jeu, on se fait rapidement détester. Mais je n'avais pas le choix et je voulais prendre le temps de réfléchir un peu. Il m'a fallu commencer à archiver les quelque 20 000 dessins, et autant dire que je suis loin d'avoir fini. L'atelier étouffait autant que moi sous un fatras de journaux, de photos découpées et de collections de toutes sortes. Comment pouvais-je m'y installer sans avoir l'impression de perturber l'équilibre fragile du souvenir, sans avoir l'impression de trahir Tignous ?

Trois ans à ne rien voir, à vivre à cent à l'heure, à ne pas penser mais faire. À ne pas pleurer mais sourire. Pour donner le change. Persuadée que ce que je donnais à voir de moi, c'est ce que je donnais à voir de lui. Il fallait que je sois digne, forte, irréprochable : si j'étais une femme bien, alors Tignous aussi était un homme bien.

Des années à vouloir être partout parce qu'il m'était insupportable que l'on ne parle plus de lui, que je ne le représente pas dans les festivals de dessins, qu'il ne soit pas cité. Parce que sa mort n'avait pas de sens, il fallait que je trouve un sens à ma vie, que j'honore cette promesse que je lui avais faite d'être heureuse et de vivre. Mais, comme dans tout combat, arrive un moment où l'on dépose les armes.

Un matin, je me suis réveillée, et mon fils avait huit ans. Je ne pouvais pas être indéfiniment en orbite d'un souvenir. Je devais atterrir. Reprendre possession de l'atelier comme de ma vie. J'ai fini par le rouvrir et y déménager mon propre bureau.

Je crois que c'est « Thythy » qui m'a aidée à briser définitivement l'interdit.

Directeur artistique à *Marianne*, et l'un des plus proches amis de Tignous, Thierry Feuillet est venu un soir me rapporter son fauteuil à roulettes.

Sur le dos, tu avais dessiné Sarkozy (et ses mouches) disant : « C'est le fauteuil de Tignous », parce que tu en avais marre qu'on te pique ton fauteuil et de devoir toutes les semaines en chercher un dans les bureaux de *Marianne*.

C'était ton fauteuil de star au journal, il a sa place ici désormais.

Mais aujourd'hui, je ne veux pas que ton bureau devienne un sanctuaire. Tu n'es pas une pièce de musée : ce lieu restera vivant et peut-être même bordélique…

32

Famille panda

Tignous et l'écologie, c'était depuis toujours.

Le 9 janvier 2016, France 2 diffuse le premier épisode de *Pandas dans la brume*. Tes pandas s'animent pour la première fois.

Tignous avait toujours rêvé que ses *Pandas dans la brume*, publiés en 2010, deviennent un dessin animé. Thierry Garance[1], dit « Titou », en a fait une réalité.

Tignous avait déjà tout validé, ils devaient se voir début 2015 pour signer les contrats. La tuerie de *Charlie Hebdo* l'a empêché de voir l'aboutissement de son rêve.

Avec l'équipe, François Rollin à l'écriture, Tryo à la musique, Sophia Aram, Vincent Dedienne, Mélodie Orru aux voix, entre autres, nous décidons de poursuivre. La première saison est un vrai succès, avec 420 000 téléspectateurs et une trentaine de sélections dans des festivals.

1. Artiste-peintre, réalisateur, graphiste et parrain de Jeanne.

Comme le dit Thierry, « *Les Pandas*, c'est l'histoire d'un groupe de pandas confrontés à la menace de l'extinction, qui tentent de sauver leur espèce, mais qui ne cessent d'échouer malgré leurs efforts. C'est une histoire d'amis qui se marrent ensemble. »

L'équipe a signé une deuxième saison, diffusée sur France 5, avec de nouveaux amis qui agrandissent la famille. Des noms s'ajoutent au générique : Arnaud Tsamère et Alexandre Astier pour les voix, Charline Vanhoenacker, Guillaume Meurice et François Morel pour l'écriture.

On espère une troisième saison.

Le dessin animé le rappelle : « Il ne reste que 1 600 pandas, mais ils font tout et n'importe quoi pour s'en sortir. »

Depuis 2015, la petite famille Tignous se sent un peu panda dans l'âme…

33

Les petits gestes

Si je me suis parfois sentie abandonnée ou mal entourée, j'ai aussi reçu l'aide et le soutien de femmes et d'hommes remarquables, dont les petits gestes m'ont touchée.

J'en ai déjà parlé, Christiane Taubira, alors ministre de la Justice, n'a pas failli : elle m'a permis de récupérer l'iPad de Tignous sur les lieux de l'attentat, elle a prononcé un très beau discours à l'enterrement, elle a également écrit la préface de *Murs... Murs*, le livre de reportages de Tignous sur les prisons que j'ai fait publier dès novembre 2015. Elle a encore été là pour l'inauguration du Centre Tignous d'art contemporain à Montreuil et pour m'aider à trouver un contact à la Sécurité sociale. Ou simplement pour m'envoyer un petit message de tendresse depuis l'autre bout du monde.

J'aime à dire qu'aujourd'hui elle est mon amie, parce que je l'aime comme telle.

Anne Hidalgo, maire de Paris, m'a longuement reçue. Elle m'a écoutée attentivement en me regardant dans les yeux. Faire vivre Tignous, ne pas oublier. Grâce à elle et à son équipe, aujourd'hui, la première salle du Conseil de la mairie de Paris s'appelle « salle Tignous » et une vingtaine de ses dessins ont été reproduits sur les murs.

La mairie de Paris a également été partenaire des États généraux du dessin de presse, que j'ai contribué à créer à l'Unesco en 2018.

Pendant plusieurs jours après le 7 janvier, la mairie de Montreuil a vécu au rythme de nos émotions. Patrice Bessac m'avait délégué son chauffeur et un garde du corps qui m'accompagnaient partout, et son cabinet et ses équipes de communication étaient chez moi tous les soirs pour organiser les obsèques à la mairie, puis pour la soirée qui a eu lieu après avec les proches.

Djeneba Keita, en particulier, a fait preuve d'un soutien sans faille.

Il y a eu d'autres hommages, depuis, à Montreuil pour Tignous et les autres dessinateurs assassinés, en plus du prix et du centre d'art contemporain qui porte son nom.

*

Dans une rue de Montreuil, Tignous sourit aux passants.

Solal veut rencontrer celui qui a dessiné son papa sur un mur : « Il est gentil ce monsieur d'avoir fait ça, j'aimerais bien lui dire merci. » Nous avons simplement contacté, *via* Messenger, le graffeur C215. Et c'est ainsi qu'un matin pluvieux, mon Solal s'est retrouvé à l'assister dans la réalisation du portrait qu'il nous a offert de bomber sur la porte du Centre Tignous d'art contemporain.

C'est vrai qu'il est gentil « ce monsieur », plein d'humanité et de tendresse.

Nous nous sommes revus un autre matin de pluie. C'est avec Lili, sa petite chienne, qu'il est venu à la maison offrir à Solal un petit panneau routier sur lequel il avait encore dessiné Tignous. Pour que Solal ait le portrait de son père près de lui. Au dos, il a signé avec un petit cœur. Solal a dormi avec pendant des mois. Il le fait encore, parfois.

Nos amis du groupe Tryo ont tout de suite écrit une chanson sur *Charlie*, qu'ils ont dédiée à Tignous et dont ils m'ont reversé les droits, pour les enfants. Nous les avons beaucoup vus en concert, les enfants ont même joué au baby-foot dans les loges du Trianon, et moi j'ai pu les accompagner en festival avec le tour bus. De quoi mettre un peu de paillettes dans nos yeux et des sourires sur nos lèvres.

Le théâtre Aleph, dirigé par Oscar Castro, a dédié à Tignous sa saison et son spectacle *Tignous hasta Siempre !*

Une séquence est dédiée à Tignous dans *Satire à Dax,* le film de Marc Large et Maxime Carsel.

Et mon Thythy... Thierry, le directeur artistique du journal *Marianne,* à qui j'ai demandé de chercher le plus beau « T » et le plus beau point dessinés par Tignous, ainsi que le plus beau cadre dont il avait le secret, pour pouvoir me le faire tatouer. À qui j'ai demandé d'extraire des lettres de la police d'écriture de Tignous, pour écrire dans son style son nom et les dates sur sa tombe. Comme je sais à quel point cela a dû être déchirant. Mais quelle belle preuve d'amitié.

Anne-Lise aussi, qui est venue me faire des séances de shiatsu gratuitement, et que je n'ai jamais revue.

Les filles du club d'aquagym, dont nous étions adhérents avec Tignous, qui ont organisé une collecte pour lui et sont venues un soir à la maison avec un grand tableau en liège sur lequel des lettres et des dessins étaient punaisés.

Le Club de natation RSCM, qui aujourd'hui nous accueille, les enfants et moi, gracieusement, par solidarité. Comme l'avait fait pendant un an l'association d'activités extrascolaires Récré Sport pour Solal.

Je n'oublie pas non plus Leïla[1], que je connais depuis des années. Son fils et Sarah-Lou ont été en classe ensemble. Elle est arrivée un soir de janvier 2015, les bras chargés de jouets pour les enfants. Elle est restée dans la cour, elle ne voulait pas rentrer. Elle pleurait : « Ce n'est pas nous, Chloé, ce n'est pas nous, je suis désolée, pardon. » Elle était effondrée. Parfaite incarnation de la double peine, victime du racisme au quotidien et désormais regardée comme une terroriste. J'ai eu envie de pleurer avec elle, pour elle, et je l'ai tirée jusqu'à la maison, je voulais l'accueillir encore chez moi, lui dire que rien n'avait changé. Nous, nous resterions les mêmes et nous ne ressemblerions pas à ces barbares haineux !

*

J'ai reçu des messages de solidarité et de tristesse de nombreux autres parents d'élèves. Mais je n'oublie pas non plus que, le 7 janvier, il y a eu des youyous de joie face au « châtiment de ces mécréants » dans certains quartiers de la ville.

*

1. Le prénom a été changé.

Dans le village de vacances Touristra de Risoul, dans les Alpes du Sud, où nous avons séjourné, des dessins de Tignous sont exposés en permanence.

Dans celui de Taglio, en Corse, la médiathèque porte son nom. Une plaque est apposée sur le mur, et une caricature de lui en pied reproduite sur la porte.

À Castelnaudary aussi, les amis du Festival de dessin ont posé une plaque au nom de Tignous dans la salle d'exposition.

Et ceux du Festival international du dessin de presse de Saint-Just-le-Martel, qui *continuent* Tignous avec moi.

Et les familles des militantes kurdes assassinées à Paris, qui sont venues me saluer.

Et…

Comme c'est frustrant de ne pouvoir tout énumérer et vous citer tous ! Vous qui m'avez maintenue debout. Vous qui m'avez donné de l'amitié dans ces moments où le monde autour de moi manquait cruellement d'humanité.

Vous grâce à qui, aujourd'hui, je peux encore croire en l'Homme.

34

Dessein de presse

Au lendemain de l'attentat, Jean-François Kahn, qui l'a fait travailler à *L'Événement du jeudi* dès 1984, puis à *Marianne*, a parfaitement formulé ce qui sera désormais ma démarche : « Les journalistes de *Charlie Hebdo* sont morts au champ d'honneur. La seule manière d'être fidèle à leur combat et de manifester réellement notre solidarité, sans rester dans l'indignation incantatoire, c'est de reprendre à notre compte cette strophe du chant des partisans que je trouve formidable : "Ami, si tu tombes, un ami sort de l'ombre à ta place."[1]»

Les dessinateurs et les chroniqueurs de *Charlie Hebdo* ont été assassinés pour des raisons politiques, je m'accroche à cette constatation depuis le début. Dans les quelques jours qui ont suivi l'attentat, j'ai remué ciel et terre pour que puisse sortir un gros recueil des dessins de Tignous avant la fin de l'année.

1. Entretien avec le FigaroVox, 8 janvier 2015.

J'ai multiplié les actions en faveur de sa mémoire, mais aussi du dessin et de la liberté d'expression. D'où l'idée d'États généraux du dessin de presse pour se rassembler, réfléchir, relancer, ensemble, des actions en faveur de cet art de l'opinion, toujours menacé, toujours fragile.

C'est ainsi que, presque quatre ans après l'attentat, je me suis retrouvée dans l'enceinte de l'Unesco pour inaugurer ces EGDP, ou *Cartooning Global Forum*[1], comme un acte de résistance et pour un nécessaire sursaut. S'était réunie à Paris une impressionnante assemblée de dessinateurs et de représentants de journaux du monde entier, des États-Unis au Tchad, de la Syrie à la Russie, en passant par le Mexique, la Lituanie, la Malaisie, l'Algérie ou encore l'Afrique du Sud.

Le 3 octobre 2018, j'y ai fait un discours qui, en relisant mes notes, ne me semble pas avoir vieilli. Malheureusement.

> En 2005, le monde du dessin de presse a été bouleversé par la publication des caricatures de Mahomet au Danemark en réponse à l'assassinat de Théo Van Gogh aux Pays-Bas l'année précédente.
>
> Un élan de solidarité aurait dû se créer pour soutenir les Danois et toute la presse française aurait dû se mobiliser en signe de soutien et de résistance.

1. Voir le site internet : cartooningglobalforum.org

Charlie Hebdo a été bien seul, lorsqu'il a décidé de les publier.

Peut-être que, si la totalité des journaux français les avaient publiées aussi, en retour, peut-être que *Charlie Hebdo* n'aurait pas été stigmatisé.

Je pose la question.

Après des années de menaces, plus ou moins concrètes, beaucoup de lettres de menaces mais aussi l'incendie des locaux du journal en novembre 2011, nous ne pouvions imaginer, parce que nous sommes des esprits sains, que les journalistes de *Charlie Hebdo* seraient directement visés et exécutés dans leurs locaux le 7 janvier 2015.

Ils ont assassiné des hommes, une femme, des pères, des maris, des amants... des gens profondément humains, des hommes de convictions qui aimaient rire, mais surtout des journalistes.

Depuis cette date, le dessin de presse est devenu un symbole mondial, le fer de lance de la liberté d'expression, et les dessinateurs, eux, les fantassins de la liberté d'expression. On a dit qu'ils étaient morts au combat et j'en passe.

Qu'avons-nous entendu comme formulations guerrières !

Il se dit beaucoup de choses et il y a tant de fantasmes depuis autour du dessin de presse. Des fantasmes absurdes. Ils ont été très nombreux à être Charlie parce que les citoyens ont pu s'identifier à eux, parce que, en les attaquant, les barbares attaquaient une certaine idée de la démocratie et de la République.

Après l'assassinat de Tignous, et de ses compagnons, il était primordial pour moi de publier. De publier beaucoup et vite, de montrer au monde que les barbares ne nous feraient pas taire, que nous n'aurions pas peur et que nous ne deviendrions pas haineux.

Quand je regarde le travail accompli, je suis fière, fière de cette revanche et de pouvoir continuer à faire vivre l'artiste.

Rester debout, c'était dans un premier temps lui rendre hommage, une réponse individuelle de femme. Rester debout aujourd'hui, c'est une réponse à la collectivité, un projet de société.

Presque quatre ans après, il est temps de se poser, et de se poser la question de la place et de l'utilité dans la société du dessin de presse, de son utilisation concrète comme moyen d'expression. Il y a eu beaucoup d'expositions, et c'est fantastique. Et aussi beaucoup de conférences et de débats autour du dessin de presse.

Pourtant, quasiment à chaque fois, lors de ces manifestations, les intervenants présents commencent leurs phrases par “moi je”, et la suite de leur intervention est un récit d'expériences personnelles.

Et finalement, il ne ressort que bien peu de choses de ces échanges, où si peu de gens s'écoutent, où chacun parle de soi et essaye de convaincre son voisin sans pourtant l'écouter en retour.

Nous n'avons plus le temps pour cela.

Le défi de ces États généraux du dessin de presse est de montrer au monde que l'on peut travailler ensemble sans être d'accord.

Pour rire ensemble, il faut que nous puissions, avec nos ego, nos différences, nos caractères, nous mettre en colère ensemble, ne pas être d'accord ensemble, bref… être ensemble, pour travailler ensemble. Donner à voir à l'humanité, montrer que l'on peut vivre ensemble sans être d'accord.

Le week-end dernier au Festival international de Saint-Just-le-Martel, le dessinateur Brito m'a parlé d'états *généreux* du dessin de presse. Quelle belle formule ! Quelle belle image ! Il y a de ça dans notre projet. C'est finalement un petit milieu, nous sommes peu nombreux, trop peu nombreux pour ne pas avoir un objectif commun.

Si rien ne change, ils seront morts pour rien, et c'est de notre responsabilité de faire en sorte que cela change, que cela n'ait pas été vain…

Et c'est pour cela que nous sommes aujourd'hui ensemble, côte à côte, de toutes les couleurs, de toutes cultures et de toutes les envies, avec comme seule arme notre humanité !

*

À l'heure où j'écris ces lignes, nous sommes en 2019. Et c'est toujours un sale temps pour le dessin de presse dans le monde. On le soutient moins, on se choque facilement, on poursuit en justice, on brandit des fatwas et des censures d'État ou communautaires, on emprisonne, on décapite.

Même le *New York Times* a décidé, en juin 2019, de rompre brutalement avec sa tradition plus que centenaire face au tsunami de tweets s'indignant d'un dessin. La liberté recule un peu plus devant le chœur des vierges effarouchées et des ayathollahs de toutes sortes. Ils rayent d'un trait de plume ou passent au Tipp-Ex les dessinateurs audacieux.

Ils sont morts depuis cinq ans, mais le dessin de presse continue de faire de la résistance.

Comme les Pandas de Tignous, protégeons cette précieuse indignation de l'esprit, en voie de disparition.

35

Mamie Pola

Depuis toute petite, à l'occasion des fêtes de famille, je montais sur une chaise pour faire des discours. Nous souhaiter du bonheur, d'être ensemble pour encore des années... C'était « la tradition ».

Je me rappelle que mon grand-père me regardait, les yeux pleins de fierté. Ils me prédisaient tous un avenir de journaliste, « Elle sait parler, la petite », et plus tard, quand j'ai écrit les discours pour les grandes occasions : « Elle sait écrire, la petite. »

« Chez nous, les fêtes commencent toujours dans les larmes pour se terminer dans la joie », disait mon grand-père. Héritiers de la culture slave, nous faisions toujours allusion dans les discours aux morts, aux tragédies, à notre amour les uns pour les autres, et nous faisions de ces déclarations de grands moments d'émotion.

Tout comme les lettres que je lui envoyais, ma grand-mère aimait relire les discours, qu'elle conservait dans un tiroir de sa table de chevet.

Le 15 janvier 2015, il allait me falloir prononcer le discours le plus difficile de ma vie. Sauf que, celui-là, je ne pourrais pas l'écrire.

« J'aurais dû normalement écrire un discours. J'ai pas pu écrire ce discours-là. Parce que les écrits, ça reste. Parce qu'on les relit, ça sert à se rappeler. Celui-là, c'est un discours d'adieu, et je peux pas lui dire adieu. »

C'est ainsi que j'ai commencé mon « discours » ce jour-là.

Je ne savais pas si j'allais y arriver. Si je n'allais pas craquer.

J'avais pris avec moi un exemplaire du *Procès Colonna*, parce que j'étais tombée sur la dédicace que Tignous y avait faite pour les gens qui avaient participé à la réalisation de cet album, c'était tellement lui, il y a tellement de tendresse dans cette dédicace, que j'avais prévu de la lire.

Mon papa m'avait conseillé de prendre quelques notes pour me permettre de me recentrer si l'émotion devenait trop insoutenable. Alors, à l'intérieur de la bande dessinée, j'avais glissé une petite feuille avec quelques mots.

Quand je l'ai rédigée, j'ai déroulé ce qu'il me semblait important de ne pas oublier et ce qu'il me semblait fondamental de rappeler.

Et puis, je me suis souvenue de cette phrase du psy, le 7 janvier : « Je ne me fais pas de souci pour vous, j'ai rarement rencontré quelqu'un avec un esprit de résilience comme le vôtre. » Et mon éclat de rire : « Ah, mais ça, c'est parce que vous ne connaissez pas Mamie Pola ! »

J'aurais voulu parler d'elle pour tenter de répondre à cette question lancinante que tout le monde me posait : mais comment fais-tu pour être aussi forte ? Parce qu'elle est la réponse.

Raconter la force de ma mamie Pola, rescapée des camps d'extermination nazis et amoureuse de la vie.

Mais pour cela, il me fallait parler de mes origines.

Tignous venait d'être assassiné au nom de Dieu.

Ceux qui ont assassiné Tignous ont fait de leur Dieu un dieu sanguinaire qui préconise la guerre contre ceux qui le défient et autorise l'anéantissement de ceux qui lui sont différents.

Nous étions donc à leurs yeux des mécréants, puisque nous étions sa famille. Alors si, en plus, nous étions juifs, cela commençait, me semblait-il, à faire beaucoup pour les petites épaules de mes enfants.

*

« Mais Solal, tu es tout griffé ! Qui t'a fait ça ?

— C'est Mohammed[1] !

1. Le prénom a été changé.

— Vous vous êtes battus ?

— Oui, il a dit que c'était bien fait ce qui était arrivé à papa.

— Mohammed, c'est toi qui as fait ça à Solal ? Il ne faut pas que ça recommence !

— De toute façon, je joue plus avec Solal !

— Mais pourquoi ? C'était ton copain avant ! »

Silence.

Je prends une grande inspiration.

« Tu sais, Mohammed, à l'école, il n'y a pas ton papa ni ta maman. Ni tes grands frères ni tes grandes sœurs. Il faut bien écouter en classe, mais dans la cour tu peux faire ce que tu veux et jouer avec qui tu veux. Et ça, ça ne regarde personne à la maison. Donc, si Solal était ton copain, il peut le rester et tu peux jouer avec lui. »

Silence.

L'espace d'un instant, j'ai eu de la haine pour ce petit garçon de cinq ans.

Juste un instant. Parce que, très vite, j'ai repris mes esprits.

Petit bonhomme… Il ne faisait que répéter et appliquer ce qu'il avait entendu chez lui.

L'avenir était entre nos mains : nous ne pouvions pas, nous, véhiculer de haine. Nous ne pouvions pas leur ressembler.

J'ai expliqué longuement cela à Solal. Quel effort, quelle abnégation, quelle résilience je lui demandais…

Et le lendemain, quand Solal est rentré de l'école…

« Tu sais, maman, eh ben, Mohammed, c'est encore mon copain, on a joué ensemble aujourd'hui ! »

On allait y arriver, mais putain, ça allait être dur…

*

« Sale juif » est une insulte dans la cour de l'école.

Oui.

En 2015 comme en 2020, au pays de Voltaire.

Oui, oui.

Alors, être les enfants de Tignous *et en plus* être juifs…

C'était trop.

Je n'ai donc pas pu évoquer ma grand-mère. Pas pu parler de ce qui fait mon identité, ma culture.

Jamais je n'aurais pensé devoir expliquer à mes enfants de ne pas parler à l'école des fêtes que nous faisons à la maison, jamais je n'aurais pensé, avant, avoir peur…

*

Ma grand-mère est née en 1920 en Pologne, dans une famille juive pieuse.

Elle a été déportée à dix-huit ans et envoyée au camp d'extermination de Bergen-Belsen, après être passée par celui d'Auschwitz, où elle a été tatouée à l'intérieur du bras gauche.

Je n'écrirai pas les numéros.

Ma grand-mère n'est pas un matricule, elle s'appelait Pola Dymant.

Elle est née Fride Peyrou Bandman.

Peyrou en yiddish, devenu Perla en polonais et Pola en français.

Un jour, j'écrirai sur elle, je la raconterai.

Ma grand-mère était la femme de ma vie.

Il paraît que je lui ressemble, que ça a sauté une génération.

Elle était la matriarche, la cheffe de famille.

Elle avait tenu tout le monde à bout de bras dans les camps, à l'arrivée en France. Très intelligente, elle possédait surtout cette *intelligence de la vie* ; elle était forte et volontaire et, par-dessus tout, elle voulait non pas survivre, mais vivre.

Nous, nous étions les maillons de la chaîne d'or, *zé golden kaït,* nous allions perpétuer une culture et une tradition, faire en sorte que les morts ne soient pas tués une deuxième fois, que cette culture ne disparaisse pas.

Les nazis avaient voulu les exterminer, ils avaient survécu, maintenant, il fallait transmettre pour ne pas oublier.

Ma grand-mère racontait. Elle n'avait pas oublié et il n'y avait pas de tabous. Au contraire, elle devait raconter pour que vivent encore ses morts, ses parents, frère et sœurs morts en déportation.

Il fallait raconter pour faire savoir, pour que cela ne recommence jamais.

Je n'ai jamais cru en Dieu. Comment croire en Dieu après Auschwitz ?

Mais j'étais juive parce que porteuse d'une histoire, d'une culture et de la mémoire.

Ma grand-mère disait de Dieu : « Tu vas voir ce qu'il va prendre celui-là quand je vais arriver. On a des comptes à régler. »

Ce n'était pas simple de tenir tête à ce petit bout de femme blond platine, qui vous transperçait du regard en faisant une moue pincée quand vous l'aviez contrariée.

Autoritaire et de mauvaise foi, elle s'arrangeait avec la réalité, créait celle qui lui convenait le mieux. Elle ne cédait que rarement, elle détestait avoir tort.

Nos différends se réglaient toujours de la même manière. Comme ni elle ni moi ne cédions, je finissais par l'appeler et lui dire :

« Tu sais, mamie, nous ne nous sommes pas bien comprises.

— Oui, c'est ça, chérie, nous ne nous sommes pas bien comprises. »

Et hop là ! Personne n'avait perdu la face.

Fières et dignes !

J'ai été élevée, certes, par des parents communistes, syndicalistes et athées, mais tous les deux porteurs de leur histoire, de leurs traditions et de cette culture juive revendiquée.

Je suis donc, moi aussi, petit maillon de la chaîne d'or, porteuse de ce devoir de mémoire. Le devoir de mémoire…

Ma grand-mère aimait fabriquer des légendes. Elle aimait raconter que je parle yiddish, que je le comprends très bien… En réalité, je ne comprends que les mots d'amour ! Ceux qu'elle me répétait le plus souvent.

C'était, je crois, la personne la plus vivante que j'aie rencontrée.

Elle avait connu l'enfer, côtoyé la mort, et elle était revenue avec une envie immense de vivre, d'aimer et de donner.

Elle m'a appris l'amour inconditionnel, le don de soi, l'altruisme et… le prix de la vie. Elle m'a appris la résilience.

C'est à elle, cette femme merveilleuse, que je dois ma force.

Parce que je la *continue*.

À l'enterrement de Tignous, dans cette tempête, elle a attrapé une pneumonie. Elle a été hospitalisée quelques jours après.

Je la savais folle de douleur, elle aimait tellement Tignous.

Mais elle était restée si digne, si forte, pour moi.

Nous avions tous peur qu'elle se laisse mourir et ne ressorte pas de l'hôpital. Mais avions-nous oublié à qui nous avions affaire ?

Elle est sortie quelques jours plus tard et, malgré la fatigue, a tenu à venir me voir. À cette époque-là, il y avait encore beaucoup de monde à la maison, tout le temps.

Elle est arrivée, avec sa canne, qu'elle ne prenait que rarement parce que… c'est pour les vieux !

D'année en année, elle était encore plus petite, mais elle semblait immense.

Elle s'est approchée de moi, m'a prise dans ses bras, m'a embrassée, puis a planté ses yeux verts dans les miens : « Chérie, je ne pouvais pas te faire ça maintenant. »

Elle me répétait souvent qu'elle ne pourrait pas partir tant que je serais seule.

Et puis, à l'été 2018, je suis retombée amoureuse.

Elle se trompait dans son prénom et l'appelait « Edmond ».

Prononcé avec son petit accent, c'était délicieux.

J'avais retrouvé le goût du rire et du plaisir.

Oh oui, le plaisir, cette sensation lointaine devenue un concept tant la signification de ce mot m'était devenue étrangère.

J'étais de nouveau vivante.

J'étais redevenue une femme, une maîtresse, une amoureuse.

Ma grand-mère est morte le 4 février 2019.

Pour la première fois, je n'ai pas pu organiser ni fêter Pessah, qui tombait deux mois plus tard.

Après l'assassinat de Tignous, j'avais mis du temps à refaire les fêtes.

J'avais une autre mémoire à faire vivre, c'était trop lourd à porter.

Au fur et à mesure, nous avons recommencé à célébrer les fêtes à la maison. Mais, sans elle, je n'en avais pas la force, sans elle, j'étais vide, sans elle, ça n'avait pas de sens…

Il allait falloir que j'apprenne à vivre sans elle.

Et puis, j'ai été quittée par mon amoureux. Je me suis retrouvée seule à nouveau. Brutalement.

J'ai retrouvé à nouveau le chagrin, ce chagrin qui crée un vide immense, qui vide le plaisir et l'envie de leur essence, celui qui ne laisse qu'une enveloppe corporelle vide. J'ai douté de ma capacité à aimer encore, à en avoir à nouveau la force. Mais ce chagrin-là m'a laissée vivante.

Il a un parfum différent.

Il exhale mon humanité retrouvée, ma capacité à aimer encore, à souffrir encore.

Parce que aujourd'hui je sais que je suis la petite-fille de Mamie Pola, amoureuse de la vie et passionnée. Une femme qui a été aimée passionnément peut aimer encore.

Tignous et Mamie Pola, indiciblement liés pour me faire renaître à la vie.

Cet amour-là m'impose de le laisser partir, mais le pleurer est doux, parce que cette tragédie-là, de ma vie de femme retrouvée, me relie et me ramène à vous.

36

L'autel

« Les cimetières, c'est triste. C'est fait pour rendre les gens malheureux. Pour quoi faire ? Aller pleurer au-dessus d'une pierre ? Parce qu'il n'y a plus personne, hein ! Alors, non. Les gens qu'on aime, on les garde dans notre cœur et on pense à eux quand ils étaient vivants, on se rappelle les jolies choses. »

Oui, mon Titi… OUI.

Je te jure qu'on essaie. Mais ce n'est pas toujours facile de se rappeler dans la joie ce qui a été et qui ne sera plus jamais.

Afin de t'être fidèle, je n'ai pas voulu que nous soyons obligés d'aller au cimetière pour te retrouver.

Alors, du Vietnam, où se trouve dans toutes les maisons un autel pour les ancêtres, pour les morts, pour ceux que l'on aime et qui ne sont plus là, nous avons rapporté de l'encens et des statuettes des trois petits protecteurs qui doivent y être représentés.

J'ai vidé la niche du mur de l'entrée où nous entassions des bouquins – encore des livres – pour les y installer.

J'ai acheté une espèce d'étagère à CD pour créer des niveaux et j'y ai posé la collection de « chinoiseries » : petits vases, cendrier et porte-encens que tu adorais.

Dans le quartier chinois de Paris, nous avons acheté des petits bols pour mettre du riz et y enfoncer les bâtonnets d'encens.

J'ai évidemment mis une photo de toi. Celle que Zozo avait faite dans le cadre de l'exposition « In vino veritas » et dont nous nous sommes servis pour ton faire-part de décès. Tu avais beaucoup maigri ces dernières années, depuis cette photo, et tu ne l'aurais peut-être pas choisie, mais à l'époque je n'avais pas la force de chercher des photos de toi, de faire le tri dans nos photos de vacances, dans tous ces moments heureux figés sur le papier.

Et puis, tu es tellement toi sur cette photo.

Je l'ai mise dans le cadre en nacre que tu avais rapporté des Philippines. Il est terriblement kitch, mais tu l'aimais tellement... Pour la qualité et la finesse du travail, disais-tu...

Coincé dans le corps d'un petit panda en porcelaine qui sert de porte-photo, il y a aussi un portrait de Solal âgé de quelques jours et de toi.

Et un autre, où tu me regardes et me souris, pris lors de notre premier voyage tous les deux en Martinique et en Guadeloupe en 2003, posé dans une plante verte qui manque de lumière et que je dois renouveler régulièrement ! Ce voyage de deux semaines, magique et hors du temps, avant lequel Mamie Pola m'avait dit : « Chérie, les vacances tous les deux, c'est très bien, tu sauras après si c'est le bon ! »

Des choses qui nous ont appartenu :

— la sculpture d'un visage dans une racine d'arbre, une statuette de femme vietnamienne et un Bouddha achetés ensemble au Vietnam en 2014 ;

— deux verres avec des coquillages peints par les enfants ;

— une carte de la fête des Pères avec un porte-clés fait par Solal en juin 2013 ;

— un poème rédigé sur une feuille en forme de chemise et plastifiée, réalisé à l'école par Sarah-Lou pour la fête des Pères ;

— une tête de Bouddha et une borne vietnamienne que nous avaient offerts Sylvain et Van Anh lors de leur passage à Paris en décembre 2014 ;

— un petit bonhomme assis que tu aimais beaucoup et qui avant trônait sur la cheminée ;

— une carte du Kenya ;

— tes petits soldats de petit garçon ;

— le dessin que tu avais fait de nous pour notre faire-part de mariage, gravé dans un rond de Plexi réalisé et offert par Bob ;

— un galet en forme de cœur ;

— une petite boîte à musique que je t'avais offerte et qui joue « La vie en rose » quand on tourne la petite manette ;

— un savon en macaron sous cloche de verre que t'a offert Sarah-Lou ;

— un panda en plastique ;

— un petit joueur de violon que Sarah-Lou avait offert à Mamie Pola et qu'elle a souhaité récupérer après son décès pour te l'offrir. Vous étiez tous les deux si fiers qu'elle joue du violon ;

— une miniature d'escarpin léopard que m'avait offerte mon papa et que tu aimais bien, parce qu'elle était kitch ;

— une carte qui accompagnait un bouquet avec écrit « Parce que je t'aime » ;

— quatre petits cœurs en pâte Fimo que tu as dessinés au Tipp-Ex, qui nous représentent, Solal, Sarah-Lou, toi et moi ;

— un Golem en pâte Fimo que tu avais fait pour Mamie Pola ;

— un petit diable de Lanzarote, que nous t'avons rapporté d'un voyage aux Canaries en 2013 ;

— un mini galet blanc sur lequel tu avais dessiné une tête de mort ;

— la sculpture d'une silhouette d'homme regardant l'horizon ;

— un bracelet en élastiques, un parmi la dizaine que Sarah-Lou t'avait faits et offerts, et que tu portais ;

— un petit Bouddha grassouillet que je t'avais offert quand tu avais grossi ;

— un petit morceau de bois où tu avais dessiné une femme nue en disant que c'était moi.

Et puis, les choses que nous avons rajoutées, que nous t'avons rapportées de voyage :

— un billet sud-africain avec Nelson Mandela, de notre voyage en février 2016 ;

— une gomme en forme de panda ;

— la tête de Frida Khalo en feutre et un couple de mariés dans une petite boîte en bois, souvenirs de notre voyage au Mexique en avril 2018 ;

— des « lunettes » fabriquées par Nico pour le concert de Niki Niki au Silencio ;

— la statuette de ton bonhomme à gros nez fabriquée par Antonin Gasq et remise pour le prix Tignous décerné par la mairie de Montreuil ;

— une éolienne et une fleur en papier fabriquées par Solal pour toi ;

— une rosace faite par Solal ;

— une éolienne qui tourne collée sur le petit meuble que Solange t'a offerte ;

— une carte d'un restaurant à Lisbonne, où j'ai mangé le meilleur poulpe à l'ail de ma vie – tu aurais adoré ;

— un vase réalisé par la maman de la dessinatrice Cristina Sampaio, qu'elle m'a offert en juin 2019 quand je suis allée à Lisbonne pour l'exposition de ton travail à Setubal ;

— un baobab en bronze rapporté de notre voyage en Côte d'Ivoire en août 2019 ;

— des plumes de notre oiseau Pablo. Ton Pablo que tu aimais tant et qui nous a quittés en juin 2019. Il est enterré dans le jardin ;

— des autocollants de makis, sushis et d'un panda collés par Sarah-Lou ;

— un écusson représentant un cœur avec les doigts ;

— un dé à huit faces avec des lettres hébraïques, volé au Musée juif de Berlin ;

— un muselet de champagne ;

— un Kiki déguisé en panda à paillettes ;

— des pièces, des perles ;

— une lettre de Sarah-Lou écrite en 2015 et que j'ai encadrée pour toi ;

— un poème délirant de Solal ;

— un panda en papier mâché ;

— une boule de Noël panda que l'on t'a offerte au Noël 2018.

Il reste ça. Il reste tout ça. Et la vie qui continue. Et ce n'est pas fini…

37

Octobre

Mon Titi, merci de m'avoir donné la force d'écrire et de raconter la folle histoire d'amour que nous avons vécue et le mec merveilleux que tu étais. Grâce à toi, j'ai pu me libérer en écrivant ces cinq ans de souffrances et raconter notre vérité.

J'achève ce livre en étant autre.

Je vais vivre, Tignous, je te le promets.

Je vais être heureuse du mieux que je pourrai et tu me manqueras jusqu'à la fin de mes jours.

Vivre sans toi, c'était mourir.

Alors je t'ai fait vivre en tant qu'artiste. Pour être encore avec toi, le dessinateur que j'admirais tant, qui m'a tellement fait rire et a compliqué les week-end, les vacances et la vie au quotidien.

Je t'ai publié et je t'ai continué, je sais que tu es fier de moi.

Maintenant toi, mon amoureux, mon amant, mon ami, mon mari, maintenant que je t'ai raconté, je nous ai liés pour l'éternité.

Je pleure enfin, de grosses larmes qui ruissellent, chaudes et humides.

Je te pleure enfin, comme si ce flot n'allait jamais s'arrêter.

Enfin, je peux te dire au revoir…

Montreuil, octobre 2019.

Remerciements

Et puis il y a tout ceux qui ont compté pendant l'écriture de ce livre.

Ceux sans qui je n'y serais pas arrivée.

Emmanuel Lemieux, évidemment. Qui m'a permis d'écrire. Sans qui rien n'aurait été possible.

Sophie Charnavel, qui a cru en moi et m'a donné toute sa confiance bienveillante.

Arnaud D'Ancona, qui a révélé la boxeuse en moi.

Catherine Wong, grâce à qui je suis debout et femme.

Gaëlle Méric, pour son soutien indéfectible.

Laurie Séguin, mon bras droit, sans qui les Petites Teignes n'existeraient pas.

Laëtitia Mathieu, qui est et sera toujours là.

Tonton Sergio, Serge Orru, qui *continue* Tignous avec moi.

Catherine Siné, pour son amitié protectrice.

Mélodie, mon amourette, mon <4, mon âme-sœur.

Édouard Bonan…

Mes connasses d'amour : Stéphanie Coste, Marie Du Roy et Vanessa Koutseff et ma namour, ma femme, Cristina Pinheiro. Grâce à qui je peux aujourd'hui trébucher, parce que je les sais là pour me relever.

Nicolas Jacquette, sans qui cette vie serait fade.

Jérôme Liniger, et sa tendresse toute suisse.

Daniel Bravo, « Danielito », qui a toujours deux bras chauds dans lesquels je peux me réchauffer.

Dominique Burdot, qui a toujours cru en moi et m'a permis d'y croire.

Christian Gourland, et sa fraternité sans faille.

Nathalie et Thierry Feuillet, Pascal Gros, Julie Viguié, pour ce qui nous liait hier, nous lie aujourd'hui et nous liera demain.

Maryse Wolinski et Hélène Honoré, à qui j'ai pensé si fort en écrivant.

Mes parents, Solange Dymant et Michel Zoladz, pour leur amour.

Et… mes enfants, Marie, Jeanne, Sarah-Lou et Solal, qui m'ont soutenue pendant ces longs mois d'écriture et pour qui j'ai écrit ce livre.

Et bien sûr, vous tous, mes amis, que j'aime infiniment et que je ne peux citer ici, il me faudrait encore tout un livre…

Bibliographie de Tignous

La République des riches, Hachette Comics, 2019.
Chirac, Éditions du Chêne, 2018.
Prolongement de la suite, Éditions du Chêne, 2017.
Calendrier perpétuel Tignous, Éditions du Chêne, 2017.
Écojolie, Éditions du Chêne, 2017.
Ni Dieu ni eux, Éditions du Chêne, 2017.
La Corse prend le maquis, Éditions du Chêne, 2016.
Murs… Murs. La vie plus forte que les barreaux, Glénat, 2015.
Corvée de bois, avec Didier Daeninckx, Gallimard, coll. « Folio », 2015.
Anthologie Tignous, Éditions du Chêne, 2015.
Calendrier perpétuel Tignous, Éditions du Chêne, 2015.
Comment rater ses vacances, avec Gros, Éditions du Chêne, 2015 ; réédition en juin 2016 avec quatre cartes postales en supplément.
5 ans sous Sarkozy, 12 Bis, 2011.
Le fric c'est capital, 12 Bis, 2010.
Pandas dans la brume, Glénat, coll. « Drugstore », 2010.
Le Procès Colonna, 12 Bis, 2008 ; Glénat, 2015.

Si tu meurs, je te tue

Tas de pauvres, Denoël, 2000 ; Gallimard, coll. « Folio BD », 2015.
Tas de riches, Denoël, 1999 ; Gallimard, coll. « Folio BD », 2015.

Table

Pour en savoir plus
sur les Éditions Plon
(catalogue, auteurs, vidéos, actualités...),
vous pouvez consulter
www.plon.fr
www.lisez.com

lisez!

et nous suivre sur les réseaux sociaux

Editions Plon

@EditionsPlon

@editionsplon

MIXTE
Papier issu de sources responsables
FSC® C003309
FSC www.fsc.org

L'Éditeur de cet ouvrage s'engage
pour la préservation de l'environnement
et utilise du papier issu de forêts gérées
de manière responsable.

CET OUVRAGE
A ÉTÉ ACHEVÉ D'IMPRIMER
SUR ROTO-PAGE
PAR L'IMPRIMERIE FLOCH
À MAYENNE EN JANVIER 2020

Dépôt légal : janvier 2020
N° d'impression : 95663
Imprimé en France